金正恩の守護霊霊言
北朝鮮から見た国際情勢

大川隆法
Ryuho Okawa

まえがき

北朝鮮の最高指導者・金正恩《キムジョンウン》氏の守護霊霊言である。もう回数も重ねてきているので、彼の方《ほう》も慣れてきて、かなりフランクにしゃべっていると思う。

本書で彼が訴えたかったことは、アメリカ合衆国大統領が、トランプ大統領からバイデン大統領に替《かわ》ったことで生じた不安だろう。

バイデン氏側は、マスコミとの百日の蜜月《みつげつ》を経て、「民主主義国家 対 専制国家」の図式を描き、これが二十一世紀の最大の課題だと言いたいらしい。

本書では、トランプ氏との対話で、できかけた米朝《べいちょう》の信頼関係を失《うしな》った金正恩氏の内心の動揺《どうよう》がよく出ていると思う。

彼の提案は、もしかしたら日韓、日米の「離間《りかん》の計《けい》」（仲たがいさせること）かもしれないが、北朝鮮が危機感を深めていること、中国に脅威《きょうい》を感じていることは本心だろう。

二〇二一年　五月四日

幸福《こうふく》の科学《かがく》グループ創始者兼総裁《そうししゃけんそうさい》　大川隆法《おおかわりゅうほう》

北朝鮮から見た国際情勢　目次

北朝鮮《きたちょうせん》から見た国際情勢

——金正恩《キムジョンウン》の守護霊霊言《しゅごれいれいげん》——

二〇二一年四月二十九日　収録

幸福の科学　特別説法堂《せっぽうどう》にて

〈特別収録〉ロシアを指導する宇宙人から見た国際政治

――ＵＦＯリーディング62（イーグルワン〔エササニ星〕ミハエル）――

二〇二一年四月三十日　収録
幸福の科学 特別説法堂にて

「霊言現象《れいげん》」とは、あの世の霊存在の言葉を語り下ろす現象のことをいう。これは高度な悟《さと》りを開いた者に特有のものであり、「霊媒現象《れいばい》」（トランス状態になって意識を失い、霊が一方的にしゃべる現象）とは異なる。外国人霊の霊言の場合には、霊言現象を行う者の言語中枢《ちゅうすう》から、必要な言葉を選び出し、日本語で語ることも可能である。

また、人間の魂《たましい》は原則として六人のグループからなり、あの世に残っている「魂のきょうだい」の一人が守護霊《しゅごれい》を務めている。つまり、守護霊は、実は自分自身の魂の一部である。したがって、「守護霊の霊言」とは、いわば本人の潜在《せんざい》意識にアクセスしたものであり、その内容は、その人が潜在意識で考えていること（本心）と考えてよい。

なお、「霊言」は、あくまでも霊人《れいじん》の意見であり、幸福の科学グループとしての見解と矛盾《むじゅん》する内容を含《ふく》む場合がある点、付記しておきたい。

北朝鮮《きたちょうせん》から見た国際情勢

――金正恩《キムジョンウン》の守護霊霊言《しゅごれいれいげん》――

二〇二一年四月二十九日　収録
幸福の科学　特別説法堂《せっぽうどう》にて

金正恩《キムジョンウン》（一九八三？〜）

北朝鮮《きたちょうせん》の第三代最高指導者。金正日《キムジョンイル》前総書記の三男で、二〇一一年十二月の同氏の死去後、最高指導者の地位を世襲《せしゅう》。現在、朝鮮労働党総書記、朝鮮民主主義人民共和国国務委員長、朝鮮人民軍最高司令官等を務める。

［質問者三名は、それぞれA・B・Cと表記］

1　金正恩《キムジョンウン》守護霊《しゅごれい》に「世界がどう見えているか」を訊《き》く

大川隆法　おはようございます。今日は、急ではありますけれども、ちょっと、明け方ごろから四時間ぐらい北朝鮮《きたちょうせん》の夢ばかり見ていまして、（夢のなかで）北朝鮮に行っていたと思います。それ以外にも、外務省関係者と思われる人たちからいろいろと意見を訊《き》かれたりしていたようにも思うし、ちょっとほかの国とも話をしていたように思うのですが、主として北朝鮮でした。

今日は、幸福実現党の党大会が午後からあるようですけれども、たぶん北朝鮮などは話題に入っていないと思われます。

今、ニュースを観《み》ても、中国、香港《ホンコン》、台湾《たいわん》問題、それからミャンマーの軍事政権の「クーデター」と「民衆弾圧《だんあつ》」の問題等が中心になっています。

また、新しいニュースとしては、イギリスから空母打撃《だげき》群がアジア諸国、友好国を回りながら日本にやって来るというものまで出ていました。

あとは、もうコロナ問題がほとんどでしょうか。インドでも流行《はや》っているとか、アメリカもまだまだですけれども、そういうものと、日本ではオリンピックがどうなるかぐらいのことが問題だと思いますが、北朝鮮は最初から来ないと言っていましたからね。

まあ、国際情勢が変化して、アメリカの大統領も替《かわ》りましたので、おそらく、推測するに金正恩《キムジョンウン》氏はちょっと混乱はしていると思います。

それから、韓国《かんこく》も大統領選があるのだと思うのですけれども、現職の文《ムン》大統領は、太陽政策で北朝鮮に近寄っていって朝鮮統一国をつくろうと狙《ねら》っている人ではあるのですが、今やや不利な感じが出てきて、野党のほうも出てきています。

たぶんアメリカの政権が替って、閣僚《かくりょう》級あるいは次官級で話をいろいろとした結果、アメリカは「反日政策を改めよ」と言っているのだと思います。韓国は対応を変えようとしているようには見えます。

裁判なんかで、「戦争前の、日本がしたという徴用工《ちょうようこう》やその他、慰安婦《いあんふ》問題とか、いろいろな問題について賠償《ばいしょう》を日本に対して求められる」というように言っていたのが、「それはちょっと違《ちが》う」というようなことも最近は言い出したりもしています。

本心ではないかもしれませんが、大統領のほうの考えとしては、次の大統領選に向けてアメリカの意向に少し合わせないとまずいかなと思っているのでしょう。

韓国の野党の候補者も反日だとのことであるので、どっちみち反日なのですけれども、まあ、でも、何かが変わろうとはしていると思います。

一方、守護霊霊言《しゅごれいれいげん》を十回近く録《と》っている金正恩氏の場合は、トランプさんと二回ほど会ったりして、ここを頼《たよ》りにしていたところはあったと思うのですが、アメリカの政権交代があって、バイデン氏になってどうなるか、すごく不

『文在寅守護霊 vs. 金正恩守護霊』（幸福の科学出版刊）

安になっている面もあるのではないかと思います。

それと、おそらくは中国が変わってきているのではないかと思うのです。中国の、香港や台湾への態度とかを見ていて、自分らも同じようになるのではないかという恐怖《きょうふ》が少しあるのかなという気もしているのです。

そのようななか、またミサイル発射実験をやってみたり、大型潜水艦《せんすいかん》を竣工《しゅんこう》させてみたり、いろいろしてはいるのですけれども、国内はかなりひどいらしく、食料難と、やはりコロナが流行っていることから、外国大使館・領事館等では北朝鮮からの脱出者《だっしゅつしゃ》が相次《あいつ》いでいるとも聞いております。それから中国との国境あたりでも、けっこう厳しい緊張《きんちょう》関係が生まれているというふうにも聞いております。

どういうふうに思っているのか。あるいはミャンマー、ビルマの軍事政権みたい

『守護霊インタビュー 金正恩 最後の狙い』（幸福の科学出版刊）

『緊急守護霊インタビュー 金正恩 vs. ドナルド・トランプ』（幸福の科学出版刊）

なものを見て、一緒《いっしょ》にされたくないと思っているかもしれないし、ちょっと分かりかねるものもあります。

かなり回数を重ねているので、慣れて本音をしゃべってはくれると思います。そこで今日は、「北朝鮮から見た国際情勢」のほうが本題というか、「あそこから見たら、どんなふうに見えているのだろうかな。世界の全部の動きがどう見えているのだろうかな」というようなことを見て、それと照らしてみたら何か違う面が見えるかもしれないと思うのです。そういうことを訊《き》いてみようかなあと思っています。

まあ、大筋《おおすじ》は大きく変わっているわけではないし、幸福の科学としても「北朝鮮のミサイル等の脅威《きょうい》は続いているので、まだ言い続けなければいけない」とは思いつつも、それを担《にな》っている三十代の金正恩氏自体は心が揺《ゆ》れているような感じがしております。

では、そういうことを前置きにしまして、みなさまに訊いていただければと思います。

（合掌《がっしょう》して）それでは、北朝鮮の最高指導者、金正恩氏の守護霊をお呼びいたしまして、もう何度も来ていただきましたけれども、北朝鮮から今どういうふうに世界が見えているのか、あるいは日本が見えているのか、どういうふうに考えておられるのか、お訊きしたいと思います。

金正恩氏の守護霊よ、金正恩氏の守護霊よ、幸福の科学に降りたまいて、その本心を明かしたまえ。よろしくお願いします。

（約十秒間の沈黙《ちんもく》）

2　アメリカ大統領交代の影響《えいきょう》について

トランプ氏の退場とバイデン大統領の誕生をどう見ているか

金正恩守護霊　うーん、うん。

質問者Ａ　こんにちは。

金正恩守護霊　こんにちは。

質問者Ａ　金正恩さんの守護霊でいらっしゃいますか。

金正恩守護霊　はい。

質問者A　今、冒頭《ぼうとう》、総裁先生からお話がありましたとおり、夢に長時間、出ておられたということで。金正恩（守護霊）さんのほうからいらっしゃっていたということでしょうか。

金正恩守護霊　うーん、ちょっと危なくなってるんで、国内情勢も国際情勢も含《ふく》めて。もうみんな北朝鮮《きたちょうせん》のことなんか忘れてるかもしれないっていう気はするんですが、わが国も非常に今、「危急存亡《ききゅうそんぼう》の秋《とき》」で。たいへん、たいへん危ない状態なんですけれど、もう頭にないでしょう？　考えてないでしょう？　きっと。

質問者A　いえいえ。先月、一年ぶりにミサイルを発射されたりして、存在は示されていますが。

金正恩守護霊　はい。だから、「まだ存在している」っていうことは、まあ、PRしてるんですけど、もう本当に旗を揚《あ》げてるようなものなんで。「まだいるぞ」っていうことですけどね。

質問者A　そういう意味で、ちょっと動きが出ています。おそらくアメリカのほうでトランプさんからバイデンさんに切り替《かわ》られたのが、けっこう大きな要素になっているのかなと思うのですが。

金正恩守護霊　ちょっとショックだな。私たちのような、ずっと権力があって、それを放したら殺されるというところでは、ちょっと、うーん……。まあ、ショックはショックで。

アメリカの、あんな現職の大統領がああいうかたちで退場させられて、共和党派が議会に乱入したっていうのをまるで謀反《むほん》か何かみたいに言っているのに、何か、ちょっと頭がクラッとして。「いったい何なんだろうか、これは」って。州兵が〝次の大統領候補〟だった人の側に立って議事堂を護《まも》るとか、ホワイトハウスを護るとか、そして、トランプさんをフロリダに閉《と》じ込《こ》めたりしたのは、ちょっと私にはあれが分からないんですよ。

いやあ、「トランプさんが軍隊を使ってバイデン派を一掃《いっそう》する」っていうんなら分かる。それは分かる。だけど、「トランプさんのほうが、バイデンさんのほうからそれをされる」っていうのがちょっと分からなくて。

それでそのまま座《すわ》っちゃった。そしてバイデンさんは、ビルマ（ミャンマー）のあの将軍とは違《ちが》うんでしょう？（『ミャンマーに平和は来るか』参照）そのへんがよく分からないんですよ。どうなってる。

まあ、トランプさんと話して、私たちは先のことを決め

『ミャンマーに平和は来るか―アウン・サン・スー・チー守護霊、ミン・アウン・フライン将軍守護霊、釈尊の霊言―』（幸福の科学出版刊）

たので。バイデンさんのときには、それは有効なのかどうかも分からないので。どうなんでしょうか。

質問者Ａ　かなり定《さだ》かでない情勢になっていると思います。

金正恩守護霊　定かでないです。

質問者Ａ　もっぱら、北朝鮮といいますか、金正恩さんご自身も、トランプさんのほうが勝つことをとても期待していたのではないかとは言われていますが。

金正恩守護霊　いや、そうなると、現職が強いのが普通《ふつう》ですよね。

だから、その間は……。だから、トランプさんは、何て言うかなあ、人間関係を重視する方だから、見知っている人に対しては信頼《しんらい》できるタイプかと思う。まあ、三十八度線でねえ、越《こ》えて会ったりもしたしね。あんなアメリカの大統領は初めてだったので、「いやあ、トランプさんがいる間は大丈夫《だいじょうぶ》だな」っていうか、「まあ、信頼していいんだな」という気持ちはあったんで。

バイデンさんは全然分からない。全然分からない。何を考えてるか分からないし、下が動くけど、それをつかんでるかどうかも分からないので、どういうふうに動いてくるかが、アメリカは分からない。

で、イギリスも艦隊《かんたい》を送ってきているけど、香港《ホンコン》だけならいいけど、次、こっちまで来るかも分かんないから、どんなになるんだろうと。アメリカの軍隊もどうせ来るんでしょ。イギリスが来た以上、来るんでしょうから、いったいどういう関係になるのかが分からないので困ってるんですよ。「困ってる」っていうのは、おかしいかな。まあ、でも困ってるんですよ。

香港《ホンコン》や台湾《たいわん》に対する態度から見えてきた中国の下心

質問者A　バイデン政権もちょうど百日を迎《むか》えようとしていますが、国際情勢は、香港《ホンコン》、台湾《たいわん》、ミャンマーとも、これから激変していく見通しが出てきています。おそらく北朝鮮も例外ではないだろうという状況《じょうきょう》なのかと。

金正恩守護霊　いや、私たちの国は、基本的に中国をまねてやってきた国ではあるんで。中国の毛沢東《もうたくとう》主義から習近平《しゅうきんぺい》さんまで、まねてきたつもりだったんで。習近平さんが今、急に立場が、国内ではすごく強圧的になってるけど、海外からの評判が急に落ちてきてるので。これ、どうしたらいいんだろう、このあと。

それから、北朝鮮との関係もですね、まあ、貿易が九十パーセントぐらい中国だったんだけど、（中国は）けっこう欧米《おうべい》のほうの圧力で動いたりもしてみたり、欧米に反発もしてみたりして、中国から必要物資が入ってこないし。

いやあ、下心としては、香港や台湾に対する態度から見ると、「朝鮮半島も取りに来るんじゃないかな」と思われる節《ふし》がだいぶあるんですよ、いろいろと考えると。（北朝鮮が）〝後ろ〟から狙《ねら》われるのまで考えてなかったから。

としたら、私たちの取るべき行動は、〝極《きわ》めて難しい関係〟になるんですよ。アメリカもヨーロッパも日本も韓国《かんこく》も中国も、みんな敵。ロシアも、それは隙《すき》あれば下りてくる可能性もあるから、いったいどういうふうにして生き残ったらいいのか、とても難しい関係になってきた。

質問者A　あと、国内情勢のほうも、おそらくコロナが……。

金正恩守護霊　うん、ああ、悪いです。

質問者A　拡大していると思われていて。

金正恩守護霊　とても悪いです、うん。

質問者A　実際に、なかのことは外国からほとんど分からないのですが、ただ、外国の外交官が退去したりしているというのは、そうとう厳しい情勢になっているのかなと。それも困っているのかと。

金正恩守護霊　医薬品が入ってこないし、医療《いりょう》機器がないし、そもそも医療関係者がそんなにいませんので、うーん。

いやあ、そうは言ってもね、私も「独裁者扱《あつか》い」されてると思いますが、そうは言っても、国民がいなくなったら独裁者も存在しないので、そういうわけにもいかないんですよね。

だから、コロナの件は、平壌《ピョンヤン》も逃《のが》れることができないっていうか、都会ほど、都市部ほど、やられやすいので。今までは、不都合《ふつごう》なことは田舎《いなか》のほうで分からないようにいろいろすればよかったけど、都市部だと見えちゃうんで、コロナのあれはね。だから、困ったなと思って。外国人の扱いも困ってるし。

このままだと、うーん……。でも、国民も革命を起こすほどの元気もないとは思うんだけど、いや、国をどうやってもたしたらいいかがちょっと分からなくなってきて。

だから、トランプ……、いや、トランプさん……、いや、トランプさんが陰謀《いんぼう》でやられたので、陰謀が明らかになって、もう一回戻《もど》ってくるのを私たちも期待してたほうなので、どっちかといえば。すぐに、もう三月ぐらいには帰ってくるんじゃないかとも言われてたので、それを期待してたんですけど、帰ってこないようだし、どうも。アメリカはよく分からない国で。

バイデン政権になって困っていること

質問者B　そうしますと、バイデン政権の動きに関して、そこの読みは、今のところノーアイデアという感じでしょうか。

金正恩守護霊　いやあ、だから、認知症《しょう》って噂《うわさ》もあるからよく分かんないんだけど、とにかく、民主党系の「人権外交」だけはやろうとしてるから、それでは〝攻《せ》めてくる〟とは思うんで。それでいくと一律全部来るから。北朝鮮も、「人権外交」で言えば、〝悪い国〟っていうことだけになるんだろうなと思うから。

トランプさんと交渉《こうしょう》して人間関係をつくったところが、アメリカっていう国は、これを引き継《つ》いでくれるのかどうかが分からない。

質問者B　基本的に引き継がない国です。

金正恩守護霊　引き継がない!?

質問者B　ええ、引き継がない国なんです。

金正恩守護霊　はあ……。

質問者B　今お話を伺《うかが》っていまして、ここ一、二カ月、外向きに見せておられる国《くに》柄《がら》としての見せ方と、それから総書記の本心といいますか、その間にはずいぶんギャップがあるということで、非常に新鮮な……。

金正恩守護霊　いやあ、この国は困っとるのよ。トランプさんが出てきてくれないからさ、誰《だれ》と話したらええのよ。文《ムン》大統領とか、どうせ、あんないかがわしい人ですから。全然あれ、信用してはならないので。トランプさんだったら……。

質問者B　今のところ、世界の外交評論家的な方々の通説では、「オバマ時代と同じことをたぶんするだろう」的な……。

金正恩守護霊　同じになる？

質問者B　北朝鮮に対して、そういう見方、分析《ぶんせき》をされる方が多いようです。どうせ上に載《の》っかっているだけなので、国務長官以下が、オバマ政権時代と同じやり方で、ある種、〝攻めてくる〟といいますか、対応するというふうに思っている人が多いのですけれども。ただ、そのへんに関しても、必ずしもそうでもないぞという感じでしょうか。

金正恩守護霊　「人権外交」とか、「人道主義」とか言うんだろ。人道主義だったらさ、コロナで死んでる平壌市民とか助けたっていいじゃない。ね？　食料援助《えんじょ》してもいいじゃない。そんなことしないんだろ？

質問者B　ええ、それはないと思いますね。

金正恩守護霊　だから、そのへんがよく分からない。

質問者B　国連の制裁は生きていますから。

金正恩守護霊　ああ、うーん。

質問者B　今朝《けさ》、別報道がありましたけれども。

金正恩守護霊　いや、トランプさんだったら、「困ってるから、ちょっと助けてくれんか」って言ったら、少しぐらい何か融通《ゆうずう》してくれそうな気もするんだけどな。

質問者C　そのへん、トランプ大統領との間にはどのようなかたちで。

金正恩守護霊　まあ、親子関係みたいな感じだったから。息子《むすこ》みたいな扱いをしてくれたから。なんか、これは信頼できる親父《おやじ》かなと。
最初はお互《たが》い悪口を言い合ったけど、会ってみたら、まあ、なかなか……。というか、トップダウンで自分で決めれるから、それは信頼できる。だから、バイデンみたいなのは、自分で決めれないから信頼できない。私も自分で決めれるから。だから、決めれる者同士の話なら信頼できるけど。
日本の、まあ、総理もなかなか決めれないから、もうひとつなんですけど。

質問者B　その場合、アメリカは、おそらく中国のほうでやや忙《いそが》しいので、可能性としては、北朝鮮に関しましては〝ほったらかし〟といいますか。トランプさんのようにはグッと踏《ふ》み込みはしないけれども、別に人道援助もしないし、「あとは野となれ山となれ」といった感じでほったらかしておく、「どうせミサイルを本気で撃《う》つ気はないだろう」ということでほったらかしておくという可能性は、確かに高いようには見えるのです。

例えば、そうなった場合、どういうお考えがあるのでしょうか。

金正恩守護霊　いや、バイデンは、「アメリカ本土までは撃ち込んでくる気はなかろう」と見てるから、ほぼ無視なんでしょう。

日本が攻撃《こうげき》されるかどうかは、あんまり考えてないはずだから。

バイデンは、「日本をどう利用するか」は考えてるとは思うんですが。「利用できるかどうか」は考えてると思うけど。まあ、「日本を護る」って言ってるけど、本当に護る気ではなくて、米軍基地を護ってるんだと思うんですよ。米軍基地は護りたいので。その権益は護りたいと思ってると思うんで。

だから、意外にね、「悪さ」をするかもしれない。

米軍基地を中心に、まだ日本を半分植民地だと思ってる雰囲気《ふんいき》がするから、日本を基地にして、中国と戦争したり、北朝鮮と戦争したりする可能性もあるし、韓国軍も全部支配下に置こうとしているような感じもあるんで、ちょっと信用ができない。信用できないですね。うーん、もう……。

私を、だから、あの何か……。万一《まんいつ》ね、だから、九割、貿易が中国だったから、万一、中国が南下して、こちらの朝鮮半島を取りに来たりするようなことがあった場合は、いざというときは、もう本当に、ジェット機でアメリカに飛んででもトランプに助けを求めるぐらいの気持ちを持ってたんで。あの人はやってくれると思ったから、そう思ったけど、バイデンはそれはないと思うんで。うーん……。

質問者A　その選択肢《せんたくし》がない場合には、どういう対応になるのでしょうか。

金正恩守護霊　いや、日本あたりに、何とか交渉窓口を開けたいところだけど、北朝鮮の味方をしてくれるところがない……、ないね、ほぼね。人気ないもんねえ。うーん、そんなこと……。

だから、ほぼ、「人質《ひとじち》返せ」「拉致被害者《らちひがいしゃ》返せ」っていう、こればっかり何十年も言ってるけど、もうほとんど死んで、いないって言ってんのに。もう「返せ、返せ」言うから。

3　習近平《しゅうきんぺい》氏・バイデン氏・文在寅《ムンジェイン》氏をどう見ているか

質問者B　日本の話には後《のち》ほど入りたいのですけれども、その前に、今、だいたい一通りアメリカ系の分析《ぶんせき》をしていただきました。先ほどもチラッとおっしゃったのですが、中国に関する読みといいますか、そこをどう見ておられるのでしょうか。

金正恩守護霊　いや、怖《こわ》いよ。

質問者B　習近平《しゅうきんぺい》氏をどう見ておられるかというところを、細《こま》かくお教えいただきたいのですけれども。

金正恩守護霊　何か、習近平は、いや、だいぶ違《ちが》うよ。今までの温家宝《おんかほう》とか、あんな人たちとはだいぶ違うような気がする。すっごい、何かね、うーん……、あの『三匹《びき》の子豚《こぶた》』のオオカミさんみたいな人だ。だから、隙《すき》を見せたら、弱いと見たら、もうフーッと小屋を吹《ふ》き飛ばして襲《おそ》ってくる感じがする。あれは狙《ねら》ってる。絶対、狙ってる。

だから、南鮮《なんせん》……、いやいやいやいや、いや、韓国《かんこく》の文在寅《ムンジェイン》は、「北と一緒《いっしょ》になって経済的に協力して、軍事的には北のほうも取り入れて、強い朝鮮をつくろう」みたいな考えを持ってるんだと思うんだけども、いやあ、中国はそんなことはさせる気はないんで。それは全部支配下に置いた上で、〝駒《こま》の一つ〟として使えるんなら使うが、そんな〝独立した統一朝鮮〟なんていうのは、中国は認めないと思いますね。

質問者Ｂ　東南アジアのほうに関しては、かなりその色合いが濃《こ》く出始めているのですけれども、やはり、朝鮮半島に関しても、少し感じるところが幾《いく》つかあるということでしょうか。

金正恩守護霊　いや、香港《ホンコン》の、あのやってるのを見れば、一日で気持ちはコロッと変わるんじゃないですかねえ。うーん、分からない。うちは川を渡《わた》ってきたら、もうすぐですからねえ。

米軍は韓国軍と合同で行動できるのに、北からも攻《せ》めてこられたら、挟《はさ》み撃《う》ちされたらもう、もはや居場所はないので。みんな海に飛び込《こ》むしかないから、ボートピープルですよ。もう、木造船で逃《に》げ回るしかないけど、いったいどこへ逃げたらいいのか分からない。

質問者A　アラスカのアンカレッジで米中の外交トップが会談して、そのあと、日米首脳会談という流れになっています。バイデン政権は、中国に対しては、トランプ政権を引き継《つ》いで、強硬《きょうこう》な路線を取りそうだという気配《けはい》はあるのですけれども、このあたりの流れはどういうふうに見ているのでしょうか。

金正恩守護霊　うーん、本当かな。まあ、ある程度、外側はそう見せないと、共和党のほうの反対分子が抑《おさ》え込めないから、やってるようには見せてはいるんだとは思うんですけど、うーん。

でも……、オバマ時代は副大統領で、外交で中国を担当したのはバイデンさんだから、中国との関係ではそうとう利権を築いてるはずなんで。中国の幹部の人たちとも、そうとう裏でのつながりは大きいと思うんで、どこまでこれが信用できるかは分からないですね。

やっぱり、日本のコロナ対策で、「日本の政治家は〝やっている感〟を出してるだけだ」って言われているけど、ちょっとそんなようなところはあるんじゃないかなあという。

質問者Ａ　要するに、中国に対する抑止力《よくしりょく》としては、かなり、実効性を疑問に見ているということですか。

金正恩守護霊　うん、そうそう。〝やっている感〟を見せてる。

　だから、最後は、何かおたくで出てたような感じだけど、本当、〝日本を戦場にする〟気なんじゃないの。アメリカ本土は関係ないと見てるんじゃないの。日本を米軍基地のベースキャンプと見て、ここを中心にして、アジアの混乱は止めるつもりで、本当にいるんと違うかなあ（『バイデン守護霊の霊言《れいげん》』等参照）。だから、余計、過激になるかも。

『バイデン守護霊の霊言』（幸福の科学出版刊）

『トランプは死せず』（幸福の科学出版刊）

『米大統領選　バイデン候補とトランプ候補の守護霊インタビュー』（幸福の科学出版刊）

質問者C　文在寅大統領については、どういうふうにお考えになっておられますか。

金正恩守護霊　いや、信用できないですねえ。私が〝オオカミ〟なら、向こうが〝キツネ〟ですよ、それは間違いなく。

だから、騙《だま》されるから気をつけないと。お金で買えないものはないと思ってる。お金で国民を全部買収するつもりでいるんで。それに騙されると、「資本主義の罠《わな》」にはまるんで、気をつけないといけないなと思う。

質問者C　イランとの武器貸与《たいよ》の話とか……。

金正恩守護霊　うん？

質問者C　イランとのミサイルの……。

金正恩守護霊　まあ、それは、孤立《こりつ》してる者同士、それは、ねえ？　ちょっとは何かしなきゃいけないよなあとは思ってるけど。

4 北朝鮮《きたちょうせん》が日本に求めること

「今日、お願いしたいのは……」と金正恩守護霊が切り出す

質問者B　中国の話に戻《もど》りますと、もし中国が台湾《たいわん》とか台湾周辺に攻《せ》めてきた場合、総書記からご覧になったら、やはり少し怖《こわ》いといいますか、「明日《あす》はわが身」という……。

金正恩守護霊　いやあ、台湾をやるなら、こっちもやるでしょう。だって、（中国は）全部取りたいんでしょ、基本的に。どう見ても、インドシナ半島とか全部取りたいのが見えるもん。

その前哨《ぜんしょう》戦として、香港《ホンコン》、台湾は当然押《お》さえなきゃいけないところでしょうけど、

インドシナ半島、今のタイだって、ミャンマーだって、全部中国の支配下になるに決まってるから。

それからインドでしょ。次はインドで、インドを取りに入るんだろうが、インドと……。そのために、スリランカももう打ってるよね、〝杭《くい》〟を打ってるから。スリランカにも海軍基地をつくって、中国の軍艦《ぐんかん》が停《と》まれるように、もうしてるぐらいですから。

それから、北側、ブータンのほうからも、もう取りに入ろうと、インドの北部からも攻め込《こ》む準備をしてるよね。軍隊が集まってるし。ブータンももうすぐ時間の問題だろうし、ネパールもやられると思うから。

いや、中国はけっこう怖いですよ。

質問者B　そうすると、中国の覇権《はけん》主義に対しては、ある種、牽制《けんせい》する側に回るという選択肢《せんたくし》というのは、北朝鮮《きたちょうせん》としては……。

金正恩守護霊　いやいや、牽制でも何でもあれだけど、生き残らなければいけないんで。だから、いや、中国に支配されたら、私に支配されてるよりもっと悪くなる可能性は……。怖い、怖いし。

質問者B　そうですね。

金正恩守護霊　韓国《かんこく》に攻め込まれて取られても、いやあ、私たちは、そらあ、こっちも〝アウシュビッツ〟よ。

だから、韓国の人は寛容《かんよう》だと思ったら間違《まちが》いで、〝餌《えさ》〟で、肉とかパンで釣《つ》ってるだけで、（韓国が）戦争で勝ったら、私たちは「奴隷《どれい》階級」で、「支配階級」は全部殺されるに決まってるから。それが朝鮮民族ですから。〝絶対殺す〟んですよ、敵は。南だろうが北であろうが一緒《いっしょ》なんで。

質問者B　そうしますと、まあ、これは将来的な話ですけれども、ある種、中国包《ほう》囲網《いもう》といいますか、そちらへ実は参加する用意がある、可能性があるということは、次の中間選挙以降、アメリカの政治に変化が起きた場合、けっこうなかなかの話にはなってくるかとは思うのですけれども。

金正恩守護霊　いやあ、私は、今日お願いしたいのは、ちょっと、まあ、トランプさんが、今、少し隠遁《いんとん》されてるから、その間は、日本との関係を少しどうにかできないかなと今思ってるんですけどねえ。どうにかできないかな。

だから、中国との取引と、日本と、五十パー・五十パーぐらいにまでできないかなあ。〝人道援助《えんじょ》〟だよ。ミサイル、だから日本には撃《う》たんようになるべくするから。まあ、米軍基地はちょっと分からんけども。攻撃《こうげき》してきた場合は分からんけども、日本人を殺す目的では使わないから、なんか、もうちょっと、何……、食料とか薬とか医療《いりょう》器材とか、そういう援助とか、そういうのをしたいっていう政党とかはいないかな。

今日、（幸福実現党の）党大会でしょう？

質問者B　ええ。

金正恩守護霊　党大会があるから、「北朝鮮を支援しよう！」とかいう、そういう動きはないかなあ。

質問者B　過去、それをやって、すべてのアメリカの政権が騙《だま》されたという認識をしていますので。

金正恩守護霊　ああ、ああ、ああ、ああ。

質問者B　事前に、核施設廃棄《かくしせつはいき》とかいうことを全部やった上でということであれば、また話は変わってくるのですが、たぶん、そういうスタンスに……。

金正恩守護霊　いやあ、けっこう苦しんでるんだよ。

目に見えて……。だから、「外交官が逃《に》げ出して」っていうのは、それは、平壌《ピョンヤン》の情勢が悪くなってる。今までは、平壌のほうは見えないように、なるべく……、外人が見える範囲《はんい》内では、物もあって、みんなやってるように見えてたんだけど、今はもう、そう見えなくなってきてるから、かなり危ないは危ない。

質問者B　そうしますと、二年ぐらいもたせるのもきついということでしょうか。例えば、アメリカの次の中間選挙まで二年ぐらいもたせる、あるいは、三年後、四年後の大統領選までは何とかもたせるというのも、ちょっときつくなっているという感じなのですか。

金正恩守護霊　なんかねえ、その人の判断だけで「よし」って言ったら、こう、なんか、ねえ？　やってくれるようなところなら楽なんですけどね。議論をいっぱいしなきゃいけないところは、もう、どうも信用できないし、選挙のたびにまた変わるっていうのも、これももう本当に難しいからねえ。

なんか、まあ、そらあ、イランなんかも同じようなあれもあるんだろうけど。そうだねえ、イスラエルだって分からないし、まあ、どこも大国の判断でどうなるか分からんところがあるからね。

韓国はほんと日和見《ひよりみ》なんで。「どっちに利があるか」だけで動くから。で、中国のほうがいいと思って、中国にすり寄ってたときもあるからね、中国寄りに……。アメリカと中国を天秤《てんびん》にかけてたときもあるけど。

これは、バイデンさんより、バイデンさんの下にいる人が、かなり、「日本との関係を改善しないと、アメリカは、韓国との協力関係を打ち切るかもしらん」みたいな脅《おど》しを、そうとうかけたんじゃないかなあと思うんですよ。そうしないとあんなに……。だから、大統領の考え一つで判決まで変わってくるところだからねえ。怪《あや》しいですよね。

それと、オリンピックも絡《から》んでるからねえ、まあ、ちょっとあれなんですけど。

中国に対する国際世論《せろん》の変化について語る

金正恩守護霊　いや、中国はもうちょっと強いと思ったんだけど、なんか、ちょっと孤立《こりつ》化しつつあるんじゃないか。なんか、包囲網……。

質問者B　そういう見立てでございますか。

金正恩守護霊　うーん、包囲網をつくられて……。

質問者B　ああ。

金正恩守護霊　野心はみんな〝見抜《みぬ》かれてる〟んじゃないかなと。ある意味で、「すべての国に対して侵略《しんりゃく》意欲を持ってる」ってことはバレたんじゃないかな。だから、友好国なんていうものは、中国にはないということ？　「全部の国を取る気がある」っていうのは見えたんじゃないかなあ。

質問者A　そうすると、やはり、中国とずっと歩調を合わせていくという方向には、危険性を感じていると。

金正恩守護霊　ヨーロッパにだって金を出してたけど、あわよくば取っていこうとしてて、弱い国、財政赤字の国から取っていこうとしてるでしょう。あの欲から見て、近場の私たちがその対象でない理由はないよね。

質問者A　先ほどからの話の流れで言いますと、もしかして、幸福実現党の党大会に合わせて、今日、出てこられたのかなとも思うのですけれども。

金正恩守護霊　ああ、だから、君たちの党大会なんか、日本国内からはほぼ無視され、海外からも無視されてるだろうけども、一つ、それを重視している国家があるっていうことを知っていただきたいな、うん。

君たちがその気になれば、それは、米だろうが、パンだろうが、医療器具だろうが、医薬品だろうが、看護師だろうが、医者だろうが、送ろうと思えば送れないことはないんじゃないかねえ。

質問者A　もしかして、日本政府や外務省に期待するよりも、今日こちらに来たほうが、何か実りがあるのではないかと、そういうようなお考えがありましたか。

金正恩守護霊　君たちにさあ……、いや、まあ、情報としては、ちょっと入っているものもあるからさ。ウイグルの日本代表がさ、自民党を恃《たの》んで、安倍《あべ》首相に頼《たの》んでも、日本がまったく「ウイグルの弾圧《だんあつ》をやめろ」っていうように動いてくれないっていうことで、大川隆法さんのほうに頼んできたら、あっという間に、二、三年で〝ウイグル丸裸《まるはだか》〟っていうか、だんだん、国際的に全部情勢が〝丸裸〟になって、国際世論《せろん》が責め始めて、中国に対して厳しくなってきたから、「ああ、やっぱり、やるんだなあ」と思って、「ほんと、よく知っているなあ」と思って。

ウイグルを助けられるなら、まあ、今、人口的にはそんなに大きく変わらないんで、北朝鮮も助けられなくはないんだよ。

だから、私が「信仰心《しんこうしん》を持っている」とか言い出したら、それで考えが変わるんじゃないの。

質問者A　確かに、ウイグル問題に関しては、メディアや政界の論調というのは、この近年、一、二年で、そうとう変わってきています。

金正恩守護霊　だから、それはつかんでいる。「ああ、本当なんだ」っていう。まあ、ドイツとか、カナダとか、アメリカとかで運動しただろうし、日本国内でもだいぶやって、幸福実現党の運動で、「ウイグル問題」、それから「香港問題」にも圧力をそうとうかけているから、イギリスの海軍がやって来るなんて、ねえ？　今どき珍《めずら》しいことですからね。めったにあることではないから。

「イギリスの最大級の空母クイーン・エリザベスが来る」っていうことは、日本に寄港して、基地にして、動き始めたら、それは香港防衛やら、台湾防衛やら、朝鮮半島防衛やら、ちょっと分からないですよね。

でも、イギリスは先手《せんて》を取ったんだよね。「イギリスが最大級の空母を出した」

っていうことは、アメリカは出さんわけにいかんわね、これは絶対に。

質問者B　そうですね。

金正恩守護霊　絶対、出してくるよね。出さんわけにはいかん。これを知ってて、ジョンソンさんは出してきたんだろうから。責任、宗主国《そうしゅこく》としての責任……、旧宗主国の責任で、「香港を護《まも》りたい」っていうんでしょう。習近平《シージンピン》から見れば国内法なんで、全人代《ぜんじんだい》で決めて、「香港にも国内法を適用する」とした以上、国内問題で、「内政干渉《かんしょう》するな」と言っているのに、（イギリスは）軍隊を送ってきて。国際的に見て、それは、たぶん肯定《こうてい》される方向に行くんだろうから、アメリカも送ってくる。で、日本も、コバンザメみたいにくっついて、何か動こうとするんだろうなと思うんで。

もし香港……、香港は本当に〝中国内陸部〟ですからね。まあ、台湾はちょっと離《はな》れていて、別の国とも言えんことはないが、香港は別の国ではないから、それを護るために外国の軍隊まで来るっていうことであれば、情勢はだいぶ変わってくる感じがするし、習近平《しゅうきんぺい》は、これは……、敗れるんじゃないかなあ。

だから、そのへん、台湾……、台湾のほうが小さいのは、みんな誰《だれ》が見ても分かるよね、二千万ちょっとしかない人口で。それだけど、アメリカで台湾の……。中国が、「台湾のパイナップルには虫がいる」とか言って、輸入していたのを全部やめてしまったりした。あれは嫌《いや》がらせ、嫌がらせだよね。そうしたら、アメリカの政治家が台湾産のパイナップルを買って並べたりしてるのを見れば、「ああ、そういう国なんだな」と思うけど。

オーストラリアとも喧嘩《けんか》してるでしょう？　一時期、親中派にしてたのが、また引っ繰《く》り返ってきたし、インドも仮想敵にだんだんなってこようとしているし。

インドの、あのコロナの罹《かか》り方は尋常《じんじょう》ではないんで。「絶対、これはおかしい」と、私が見ても思うから。民族的には、たぶん白人種、ヨーロッパの白人種と本当は同じ流れなんだと。黒いけどね、日に焼けてるだけで、白人種と同じなんだから、〝白人によく効くコロナ〟なんじゃないかなと、やっぱり疑うよね。アメリカやインドがいちばんよく罹っているとかいうのは、おかしい気がするんで。

だから、これはちょっと、うちも立場をよく考えないと、いや、これは判断を誤ると国がなくなるからな。

習近平《しゅうきんぺい》体制の崩壊《ほうかい》前に起こることへの危惧《きぐ》

金正恩守護霊　いやあ、（日本に）「人質《ひとじち》を返す」とかいうのもあるけどさ、もうほとんど〝生き残ってない〟から。もう、それで人骨を返しても、「これは犬の骨だ」とか言われるからさあ。「これは違う」とか、「朝鮮人の骨だ」とか、いろいろ言われるから。もう駄目《だめ》だからなあ。返すものはない。

質問者Ａ　今後、日本との関係というと、どういう展開を望んでいるのでしょうか。

ただ、日本としても、やはり……。

金正恩守護霊　いや、宗教がね、唯一《ゆいいつ》、私が交渉するような〝独裁体制〟を持ってるからさあ。宗教は、もう決めたら、いちおう、これは教義だから、基本教義は変えることはできないから。なあ？　だから……。

質問者Ａ　独裁国家と関係をつくるというのは、日本としても非常に難しいところが……。

金正恩守護霊　いやいや、「独裁国家であっても、人道的には救わなければならん」という、その神の御心《みこころ》っていうのがあるじゃないか。な？

質問者Ａ　いや、当然、北朝鮮側としても……。

金正恩守護霊　私にだって、仏性《ぶっしょう》があるかもしらんわけだからさ。

質問者A　はい。金正恩さんのほうとしても……。

金正恩守護霊　いや、仏教は入ってるんだ、北朝鮮にも仏教は入ってるんだ。儒教《じゅきょう》も入ってるけど、仏教も入ってるんだ。

質問者A　本当ですか。

金正恩守護霊　キリスト教も、ちょっと、いや……、まあ、仏教は入ってる、間違いなく。

だから、「高速増殖炉《ぞうしょくろ》もんじゅ」をやったときには、まあ、ああいうのは、こちらの朝鮮民族の考えだと思うとったぐらいだからね。あんな「もんじゅ」なんていうのはね、ああいうのはよくないというぐらいに思っていたぐらいだから。

質問者C　宗教であるからこそ、また「反省」、そして「悔《く》い改め」というところで、今までの北朝鮮とどう違っていくのか……。

金正恩守護霊　だけど、そんな、イスラム教なんか、ほとんど共産主義と変わらんでしょう。

まあ、アラーという神がいるか、いないか、それはみんな信じているかどうかは知らんけども、いることになっているけど、実際上、何も偶像崇拝《ぐうぞうすうはい》もしてはいけないし、偶像崇拝している仏教の仏陀《ぶっだ》（の像）をぶち壊《こわ》すし、イエスの像もぶち壊すし、まあ、そういう宗教で、宗教施設の〝空《そら》〟は空《から》っぽですから、あそこは穴が開《あ》いているところで。そこだけどければ、あとは共産主義ですから、そんなに変わらないんで。

質問者B　現実的には、中国に対する態度をちょっと変えていただけると、かなりのメッセージになって、日本にもアメリカにも届くと思うのですけれども。

金正恩守護霊　いやあ……、習近平《しゅうきんぺい》（体制）は、これは崩壊《ほうかい》するんじゃないかなあ。なんか……、いや、崩壊するけど、その前に〝悪あがき〟する可能性があるから、それが怖いんだよ。だから、崩壊するにしても、巻き添《ぞ》えにされることはありえるから。香港や台湾や朝鮮半島を目茶苦茶《めちゃくちゃ》にしたあと潰《つぶ》れるとかいうこともあるからね。ちょっと怖いことは怖い。

だから、何か威嚇《いかく》すると思うんだよ、ああいうタイプは、絶対。強いところを見せようと思うから、どこなら一気にバッと、こう、何て言うか、電撃占領《せんりょう》とかをして、強いところを見せようとして。かつての日本軍が電撃的にアジアの国を押さえていったような、ああいうのを見せたくなるときだと思うんだよ。

だから、予想していないところ？　台湾とか、香港とかは、みんな予想して警戒《けいかい》してるから、そのときに、電撃的に北朝鮮とかを取ってしまったりしたら、北朝鮮防衛なんて誰も考えてないからね。

質問者B　ええ。ですから、逆に言いますと、台湾のところを機軸《きじく》にして、今、「クアッド」で、（日米豪印《にちべいごういん》の）対中包囲網で、横に手を結び始めていますので、そういった国は、たぶん、いきなりは攻めにくいんですよね。

で、そうなると、真空地帯といいますか、〝エアポケット〟になるのは、むしろ北朝鮮なので。

金正恩守護霊　そうなんですよ。だから、もし来たらね、誰も護ってくれない。誰も護ってくれない。

質問者B　ええ。ですので、そういった意味で、こちらの側にといいますか、こちらのほうの同盟に入る段取りを組み始めるというのが、国レベルとしては……。

金正恩守護霊　いや、だから、トランプさんと会ったけどね、〝中国が攻めてきたときの保険〟もあったのよ。

それくらいの可能性はあると思ったから、もし何かのときには、アメリカに、もう直接頼むっていうこと、敵でも助けてくれる可能性があると思ったから、何かのときは、「助けてくれ」と言えば、親父《おやじ》（トランプ氏）はやってくれるんでないかなという気がちょっとあったことはあったんで。

いやあ、文在寅《ムンジェイン》は信用できない。

朝鮮の旧宗主国《そうしゅこく》である日本に望むこととは

質問者C　今、経済面においては、ほぼ中国と九十パーセント取引されて……。

金正恩守護霊　といっても、だんだん中身が悪くなっているからね、今ね、いろんなものが。

質問者C　そこのところは、どんなふうに……、まあ、中国のなかの経済も、だんだん崩壊してきているという話もあるのですけれども。

金正恩守護霊　うーん、だけど、まあ、国内のほうが優先だから、外国に出す支援は、内容は悪くなってきてはいるよな。

だから、ミャンマーだって、そうだよ。中国が後押ししてくれるっていうのを信じて、軍事蜂起《ほうき》しているんだと思うけど、だけど、ちょっと怪しくなってきているような感じには見えるよ。
だから、中国の工場とかも燃やされたりし始めているから、あれは中国軍に対する不満だと思う。

質問者B　ええ。次の号の「ザ・リバティ」（二〇二一年七月号）で取り上げますけれども、事実上、国軍と人民解放軍がほぼ一体化していて、国民を殺している兵士のなかには、制服を着替《きが》えて入り込んでいる人民解放軍が入っている可能性がかなり高いという証拠《しょうこ》を、今つかみ始めていますので……。

金正恩守護霊　入ってる、入ってる。それは、ベトナムのときと一緒だよ。「ベトナム戦争」と一緒なんだ。

質問者Ｂ　ええ。だから、事実上、もう今や〝植民地状態〟といいますか……。

金正恩守護霊　取るつもりでしょう。だから、ビルマを取っちゃえば、それは周りのところも取っていける。そこを起点にして取れるから。まあ、何か、日本軍がやったことをまねしようとしてるみたいに……。

質問者Ｂ　ええ。それで国民の側が、かなりの反中感情といいますか、そうとう〝炸裂《さくれつ》状態〟に近いところまで来ているようですね。

金正恩守護霊　（中国は）次はインドも狙《ねら》っているからね、確実に狙っているからね。

いや、それは、インドも大国だからね。まあ、今はコロナできついけれども、回復すれば、それはうちを助けるぐらいの力はあるんだろうとは思うんだけど、今は、まだちょっと距離《きょり》があるわな、インドとはな。

日本は節操がない国だから、コロッと国論を変えることは可能なところもあるんじゃないかなあ。

質問者B　外交方針のところで、ちょっとリスクを取っていただけますと、中国に対するスタンスについてですね。

金正恩守護霊　幸福の科学、いや、幸福実現党がコロッと、ちょっと〝転んで〟くれたらさあ、そうしたら、左翼《さよく》関係の票が入るんじゃないかなあ。

朝日新聞も潰れかかってるっていう話じゃない。朝日新聞が一千万部から、もう五百万部ぐらいまで減ってる、いや、もっと減ってるかもしらんという説があるぐらいだから、生き残りを懸《か》けてるからさあ。

だから、そういう、やや左翼的な動きをすると、もうちょっと応援して、票が入ったりするんじゃないかなあ。

質問者A　では、可能性として、日本でどういう発信をしてもらいたいですか。「具体的にこう」というのはあるのでしょうか。

金正恩守護霊　いやあ、だから、イギリスはビルマや香港の旧宗主国《そうしゅこく》だから、何か助けなきゃいけないという義務感を、ジョンソン首相は持っているんだろうと思うんだよ。で、軍隊を送ってる。

だから、台湾もそうだけども、朝鮮半島も、日本が旧宗主国なわけだから、「危機のときに、やっぱり旧宗主国として護ろう」という気持ちはあってもいいんじゃないかな。「大日本帝国《ていこく》の復活を、一部許容する」ということで、何かこう、大きな大きな緩《ゆる》やかな枠組《わくぐ》みのなかに入れてくれれば、交流が活発化して、安全にもなるじゃないか、お互《たが》いになあ。

質問者B　それは、ぜひ、「旧宗主国の責任というのは、正しい考え方なんだ」ということで、日本の左翼を説得いただけるとありがたいですね。

金正恩守護霊　そうそう。日本はやっぱりちゃんと責任を取る、と。

韓国も北朝鮮も反日っていうのはおかしいわけであって、台湾みたいになってもいいわけだよ。な？　だから、「アメリカが助けない」っていうのは、まあ、いい。もう勝手だけども、日本は、やっぱり助ける義務はあるんじゃないかな。

北朝鮮には、日本がつくったダムとか、いっぱいあるんだよ。道路とか、いろんなものがあるんだから、護らなきゃいけないよ。財産がまだ残ってるんだからさあ。

質問者B　そのための足がかりがあるとしたら、今言った部分の再評価ですね。例えば、戦前の日本の統治なり何なりに関しては正当なところもあったという公式見解を出していただくとか……。

金正恩守護霊　いやあ、それはねえ、まあ、もう背に腹は代えられんから。それは、私の世代はもう関係ないから。もう戦後世代なんで、もう戦後何十年もたってから生まれてるから。もう知らないから、そんな時代。

だけど、日本が一方的に悪いと思えんわ。ほかの国だって、みんなやってることじゃない。ヨーロッパもみんなやったし、今、中国がやろうとしてることでしょう。だけど、今の時代は、そういうことをあんまり許さない時代に、もうなってきているからね。

だから、「アジアにも仏性《ぶっしょう》あり」なんだよ、今、アジア人にもね。

今の中国のままだったら、もうアフリカもヨーロッパもみんな取るつもりでいるから、あれは本当に、始皇帝《しこうてい》を超《こ》え、ジンギス・カンを超えて、「世界皇帝」になりたがってるように見えるよ。

質問者A　ただ、日本が具体的にアクションを起こすとなると、日本は憲法を改正しないと、ちょっと難しいだろうと思います。

そうすると、例えば、「日本国憲法の九条の改正を支持する」とか、そういうお考えを出していただかないと、日本としては、ちょっと動きづらいと思うのですけれども。

金正恩守護霊　いやあ、北朝鮮はね、あのねえ、あなた、世界の常任理事国はみんな水爆《すいばく》を持っているが、北朝鮮も水爆を持ってるんですよ。だから、常任理事国と同じ、対等の〝あれ〟を持っているわけですよ。

その水爆を、日本が万一《まんいつ》、危機のときには日本のために使ってもいいという、これは、日本の憲法は関係ないことだからね。北朝鮮で判断できることで、私が言った言葉は北朝鮮の憲法だからね、今は。

だから、水爆を持っているから、万一、日本が中国から侵攻されるとかいうことになったら、「その水爆を、日本侵略を図《はか》ってるものに対して使う可能性もある」とか、「弾道ミサイルを、そういう国に対して使う可能性がある」とかいうことを言うことは可能で、これは、日本の憲法はまったく関係ないことだから。

他国が勝手に支援してくれるっていうのは、関係ないことだからね、うん。

北朝鮮と中国の「人権弾圧《だんあつ》」の違《ちが》いについて

質問者B　あと、「信教の自由を一部認める」という選択肢はありませんか。

金正恩守護霊　いや、信仰心がないわけではないんだよ。その信仰心の表れとして、政治指導者がそういう精神的主柱になってるだけであって。いや、仏教とか何かあったら、受け入れやすいよ。もう、本当に受け入れやすい。仏教とか儒教とかは受け入れやすい。

儒教は、でも、中国が悪い使い方をしてるから。今、「孔子学院《こうし》」っていうのを〝スパイ養成学校〟として全世界で使ってるから、ちょっと今やりにくいなあとは思ってはおるけども。

仏教とかは、私は深く信仰するものはあるねえ。特に、救済仏《きゅうさいぶつ》が好きだな。「慈悲《じひ》の心で人民を助ける」っていう。なあ? あれはいいよ。「悪人でも救おう」っていう気持ちはいい、とてもいいな、うん。

質問者A　あと、日本のメディアをちょっと入れてみるとか、取材を認めるとか。

金正恩守護霊　うん、入れてみるけど、ちょっと、その、洗脳が要《い》るよね。そのへんの頭を一方的に悪いほうに使われたら、本当に困るからさあ。悪いほうに使われると、攻めてこられる言い訳に使われるからさあ。だから、そうさせてはならないんで。もうちょっと、こう……。

日本のメディアは、「宗教性のあるメディア」がないじゃないか。なあ？　だから、ちょっと、みんなが無信仰の、何か唯物論みたいな、科学みたいなところばっかりだからさ。貧しいところばっかりやったり、また、「人権弾圧《だんあつ》してる」って言うんだろうけど。中国の人権弾圧、ジェノサイドと、北朝鮮が一緒かどうかって、理由はちょっとだけ違《ちが》うんだよ。少しは違うんだよ。私たちには、いちおう合理性が……。

質問者Ａ　（苦笑）

金正恩守護霊　いや、いや、いちおう政治犯は、それは隔離《かくり》されて、いちおう貧しい生活はして見張られてはいるけども、こう、何て言うか、ああいうふうな臓器を抜いて、何か売るとかねえ、何か看守がウイグル人の女性を集団レイプするとかね、そんなことは、うちはしてませんよ。そんな人でなしじゃないので。

ちょっと、食べ物の質が悪いとか、着るものの質が悪いとか、家の質が悪いとか、それでちょっと見張られてるということはあるけども、そんな悪いことはしてないから。全然、違う。まったく違う、うん、うん。

質問者C　北朝鮮というと、ほんとに強面《こわもて》で、何て言うんでしょうか、イメージとしては、「独裁者が」というふうに、かなりマスコミがもう取り扱《あつか》って……。

金正恩守護霊　そんなことはない。三十八歳《さい》イケメンだよ。痩《や》せたら、私だって、J《ジェー》-POP《ポップ》だろうがK《ケイ》-POP《ポップ》だろうが出られるんだよ、私だって。ちょっと、今は足を痛めるので。太ってるからねえ、もう。

質問者A　けっこう、「影武者《かげむしゃ》」説があって、「出てきているのは本物かどうか」というのはよく言われます。そのあたりの事情はどうなのでしょうか。

金正恩守護霊　まあ、影武者もいるけど、ここまで似るのはそんな簡単なことではない。

質問者A　（笑）

金正恩守護霊　（似るのが簡単では）ないから、出るべきときには出てはいます。だから、実験場とかでいるのは影武者がいる場合もある。攻撃するからね。オバマがやったようなドローン攻撃とか、トランプさんもイランに使ったことはあるけど、ああいう個人攻撃をする場合があるから、居場所が特定されるようなときは、ちょっと気をつけてはいるけどね、うーん。

幸福の科学への交渉《こうしょう》を持ちかける金正恩守護霊

金正恩守護霊　そんな、まあ、おたくの政党なんか、まだ、本当に日本政府から差別されてるんだろう？　政府に反旗を翻《ひるがえ》して、ちょっと逆のことをやったら、目立ってマスコミが報道したくなったりするんで、こんな党大会（幸福実現党立党十二周年大会）のときこそ、「私たちは考えを百八十度変えました」って言ったら、急に報道価値が出てきて、テレビや新聞でいっぱい書かれて……。

質問者Ａ　そうすると、ご招待していただかないといけないですけれども。

金正恩守護霊　いやあ、それは当然、招待しますよ。生きて帰れるかどうか知らんけども、ご招待ぐらいはしますよ。まだ多少、食料はありますから。

ただ、（幸福の科学の）国際政治局長は、入ったあと、何年か帰れないっていうことがあるかもしれませんけども。「それはウィルスに罹って、今帰れないんだ」と言うかもしれないから、それについては真相は分からないかもしらんけど、〝手《て》土産《みやげ》〟なしでは、来てもらっても別に意味ないことであるから。

お金、幾《いく》らぐらい持ってるの？

質問者Ａ　いやあ、そういう話は難しいかなと思うのですけれども。

金正恩守護霊　いやあ、それはねえ、お金はもう困ってるからさあ、なんか、いやあ、どうにかしてほしいんだよ、本当にねえ。まあ、直接、物資でもいいけど、お金もねえ、お金も何かねえ、何か。だから、私たち、もうお金を稼《かせ》ぐ方法が今ハッキングしかないんだよ。

だから、そういう……、この電子通貨は今怪しげなものですが、ほかの外国を絡めて、ちょっと、誰がやってるか分からないようにして、よその企業《きぎょう》の金を盗《ぬす》むとか、そんなものしかもうないんだよ。「アリババと四十人の盗賊《とうぞく》」みたいになってるから。

だから、今、経済活動は、ほぼもう、かなり厳しい状況《じょうきょう》なんだよねえ、うん。

質問者A　日本政府としても、おそらく一方的に経済支援するというのは、ちょっと難しいだろうとは思うんですね。ですから、何か、こう……。

金正恩守護霊　うーん。だから、「菅《すが》さん（菅義偉《よしひで》首相）の前世《ぜんせ》が北朝鮮人だった」とか、そういうのはどうだ？

質問者A　ああ、なるほど。

金正恩守護霊　うん。あれ、いても分からないよ、あの顔だと。

質問者Ａ　いやあ、でも、嘘《うそ》は言えない。

金正恩守護霊　いや、本当かもしれない。

質問者Ａ　ただ、金正恩さん自身は、日本人だったりしたことはあるんですか。

金正恩守護霊　まあ、それは、いくらでも言えるから、言ってもいいんだけど。「昔、相撲《すもう》取りをやっとった」とかも、言えば……。

質問者Ａ　（笑）まあ、朝鮮半島と日本のつながりを証明するような話にはなると思うのですけれども。

金正恩守護霊　うーん、まあ、そういう……。まあ、その前にちょっと基本的な教えがないと、ちょっとね、言うても意味は分からんからなあ、そういうことを言ってもな。

うーん……、まあ、ちょっと一部、何と言うかなあ、幸福の科学の思想のなかでは、「有効性のある」というかなあ、「実用性のある」というか、「国の経済の発展とかにもつながるようなものもある」ようであるからして。そういうものは、例えば解禁するとかなあ、そういうことは可能かなあとは思うんだけどなあ、うーん。

バイデンは、ちょっと〝怖い〟っていうか、困ってるんだよ。本当に信用できないから、うーん。

だから、何かそのへんで、ちょっと何かね、君たちと、こう、何か接点が出てきたような感じがするんだよなあ。だから、トランプさんが病気したときには、ちゃんと何か、「健康の回復を祈《いの》る」って送ったしね、バイデン当確になったときには、ミサイルを撃ったりして、反対の意向を示したりして、君たちと考えが近いんじゃないかなあ、うーん。

だから、もう敵視するのをやめて、やっぱり、アジアの同胞《どうほう》として、もうちょっと、こう、仲良くなろうとか、北朝鮮から攻めていって、こう、韓国も取ってしまうっていうか、「韓国も日本のシンパにしてしまう」っていう方法もあるんじゃないか。台湾みたいにする方法は、やっぱりあるんじゃないかなあ、うん。

質問者A　日本の国防上も、つまり「習近平が北朝鮮を電撃占領する」というようになった場合は、非常に不利になるのは確かだと思うのですけれども。

金正恩守護霊　そうなんですよ。それは……、だから、北朝鮮の兵器を全部取り上げてだね、日本に撃たそうとするかもしれないから。そしたら、日本が攻撃し返してくるのは北朝鮮だけで、中国本体はやられないで済むからね。だから、そういう汚《きたな》い手を使う可能性はあるわけだよ、うーん。

質問者C　幸福実現党は、まず、「北朝鮮のミサイルの攻撃から日本を護ります」から……。

金正恩守護霊　いや、だから、それは「カルマの刈《か》り取り」っていうやつだなあ。

質問者C　そうですね。そこから始まって……。

金正恩守護霊　だから、そこから始まったから、逆転して正反対まで行ったら、これが宗教なんだよ。

宗教としての尊い「赦《ゆる》しの原理」が働いてくるわけで、「北朝鮮から始まり、北朝鮮に終わる」わけですよ。

今の北朝鮮の苦境を救うには

質問者Ａ　そうしますと、まず金正恩さんご自身に、やはり、ちょっと立場を百八十度転換《てんかん》していただかないと……。

金正恩守護霊　いや、もう十回も霊言《れいげん》したら、だいぶ親しくなっとるから、友達の感覚があるよ。

質問者Ａ　いえいえ。例えば、「日本は憲法改正しろ」とか、何か明確に言っていただいたほうが……。

金正恩守護霊　私だって、もうプライベートジェットで、何か日本まで遊びに来たいぐらいなんだよ。だから、「兄貴（金正男《キムジョンナム》氏）がディズニーランドか何かへ行って、取っ捕《つか》まって追い返されたりした」ことはある……、みたいなことはありましたけどね、昔ね。いや、日本のディズニーランドは閉鎖《へいさ》してるのか、今、ここもねえ、だから、あれだけど。

いやあ、今、日本は、北朝鮮の今の経済的苦境と、そのコロナ苦境を救うだけの力があると思うんだよな、うーん。

だけど、今のバイデンにそれを頼めないからさ。会ってないし、行けないし、信用できないし、うーん……。なあ？　「トランプさんが復活する」ったって、四年もかかるんじゃあ、ちょっともたないかもしんないから。四年ももたないかも、もう、うーん。

アメリカはひどい国だよ。マスコミがあんな操作して、悪い国だ。だから、「マスコミ型民主主義」っていうのは、必ずしも正しいとは思えんなあ。やっぱり、トランプさんは独裁者資質を持っとった。あれは〝いい独裁者〟だったのに。なあ？

質問者Ａ　やはり、日本の外務省のルートというのは、そんなに信用や期待はしていないということですか。

金正恩守護霊　いや、何にも動いてくれないからねえ、もうねえ、駄目だね。安倍さん（安倍晋三《しんぞう》前首相）が長すぎたからさあ、ちょっとねえ。もう何か、「拉致被害者《らちひがいしゃ》を取り返す」みたいなんで名前を上げて、総理になったんだろう？

まあ、それ、だから、いまだにまだ言ってるけど、いやあ、だから、生きてないんだって。返せないんだよ。返せるもんなら返すよ。一人一億円くれるなら、もう返しますよ、ちゃんと。だけど、そんな生きてないんだって、もうほぼ。

質問者Ａ　安倍さんも菅さんも、拉致の問題はずっと言い続けてはいるのですが、ただ、確かに何も生まれていないというのは……。

金正恩守護霊　うん、言うだけ。〝格好〟。政治的なＰＲだけだろう？

質問者Ａ　はい。

金正恩守護霊　だから、小泉《こいずみ》さん（小泉純一郎《じゅんいちろう》元首相）のときにちょっと返したこともあるけど、あのあたりがもう最後だよ。もう、それはねえ、北朝鮮で百歳までは生きられないんだって、うーん。

いや、この食料事情と健康事情、その他から言ってね。それから、もう結婚《けっこん》して子孫《しそん》がいる人もいるから、そういう人はもう帰れないよ、うん。

だから、友好的になれば、それは行き来できるようになるかもしれない、そんなの、うん。

質問者Ａ　そうすると、ちょっと、幸福実現党の応援演説やメッセージを頂かないと、おそらくアクションが取りづらいと……。

金正恩守護霊　だって、君みたいなところは、だから、まだ国有政党じゃないんだろう？　うん。国から補助金をもらってないんだろう？　だから、言うことをきく必要は何もないじゃない。なあ？　「反対のことを言うことで目立つ」っていうこともあるじゃないか、うん。

「北朝鮮の水爆とICBMを、全部、日本のものに変えてしまおう」と。だから、「日本の代わりに撃ってくれ」と。まあ、「必要なときには」ということだなあ。

三千トン級のそんな潜水艦《せんすいかん》が出たぐらいで、日本の自衛隊がビビることないよ。日本の自衛隊の対潜水艦攻撃能力の高さは、私も知ってるから。三千トンもあったら、よく狙いやすかろうから、もうクジラみたいなものだから。こんなもの、日本のヘリコプターで撃沈《げきちん》されたら、もうそれで終わりだから。もったいない。ものすごい金がかかってるから。あれは食料を、もう本当に節制してつくった〝虎《とら》の子〟

なんで（苦笑）。

だから、「万一、外国から直接攻撃、平壌《ピョンヤン》攻撃されたときに撃ち返せるぞ」という。まあ、三発しかないけどね。「撃ち返せるぞ」という、「ＩＣＢＭを撃てるぞ」という、「グアムやハワイぐらいは撃てるぞ」という、まあ、そのくらいの脅しなんですけどね。

5　北朝鮮《きたちょうせん》の民主化はできるか

トランプ氏が勧《すす》めた北朝鮮の生きる道とは

質問者B　中国と国境を接している国としての一つのモデルとしては、「ベトナム的な生き方」というのは、一つの参考になるのではないかと思うのですけれども。

金正恩守護霊　うん、うん、うん、うん、うん。分かる、分かる。ベトナムね。

質問者B　ええ。「非常に面白《おもしろ》い位置を取っている」といいますかね。

金正恩守護霊　いや、なんかトランプさんが、それね、「ベトナムみたいになれよ」

と言ってたから。「（アメリカは）ベトナム戦争で負けたけど、（ベトナムは）アメリカは追い出したけど、結局、ベトナムは中国化はしなかったぞ」と。「やっぱり、市場経済のほうがいいということで発展してるじゃないか」と。そういうことだから、「おまえらも、その道を歩め」ということを、「それだったら援助《えんじょ》する」と、「協力する」というようなことを言ってくれては……。

質問者B　ええ、それは、かなり分かりやすいメッセージになるのではないかと思うのですが。

金正恩守護霊　うん、そうなんだよ。「ベトナム化したいなあ」と思ってる。ベトナムも日本にすごい寄ってきてるだろう？　今。

質問者B　ええ。

金正恩守護霊　仲良くなろうとしてるじゃないか、アジアではなあ、うーん。だから、ベトナム化したい。うん、うん、うん。

〝日本主義〟を提案する金正恩守護霊

質問者C　軍事機密ではおありだと思いますが、先ほどからおっしゃっておられる水爆《すいばく》のところは、本当に成功をされたのでしょうか。それとも……。

金正恩守護霊　いやあ、本当に落としたことはないから、うまく爆発してゴジラが生み出されるかどうかは、それは分からんけども、いちおう、理論上は成功している。

質問者C　あと、「核弾頭《かくだんとう》の小型化、日本を狙《ねら》える」というところに関しては、いかがでしょうか。

金正恩守護霊　うーん……、まあ、努力はしてるけど、それは、そもそもミサイルが命中するかどうかが、まだちょっと問題があるため（苦笑）、小型化しても「当たらなければそれまで」ではあるんだけど、いちおう努力はしているので。

これも本当に撃《う》ってみないと分からないので。まだ、ちょっと、撃つ機会がないので。だから、「攻《せ》めてくる」と明確にしてくれたところがあれば、撃つことは可能ではあるんだけどな。

だから、「米軍基地以外は狙わない」っていうことぐらいなら、今、約束してもいい。米軍基地の場合は、ちょっと、向こうから攻撃《こうげき》してくることはあるから。核兵器が当然、入ってるでしょう、米軍基地にはねえ、日本の。だから、そこから出撃するに決まってるから、うーん。

まあ、それは、中国も怯《おび》えていることだろうとは思うけども、うーん。

質問者C　幸福実現党立党のころは、「もう北朝鮮《きたちょうせん》のミサイルが本当に東京や大阪《おおさか》に落ちたら、落とされたら、それを護《まも》る術《すべ》が日本にはないんだ」というところから始めていって、日本の国防を訴《うった》え、そして、日本の目覚めを促《うなが》していったわけなのですが、そうなりますと、かなり本当に、百八十度、変わっていく論点になってくるのですけれども。

金正恩守護霊　いや、私は、だからねえ、日本が〝米軍の半植民地〟になってるのを、もう日本も完全独立させてやりたいなと思って、日本の独立運動を、応援しているわけで。

それで、「〝大日本共栄圏《けん》〟は、ある意味での正当性はあったんではないか」と。だから、今、「台湾《たいわん》や香港《ホンコン》や、もう、韓国《かんこく》、北朝鮮とかは、日本を宗主国《そうしゅこく》とする〝大日本グループ〟に入ってもいいんじゃないかなあ」と思って。大英帝国《ていこく》グループみたいな感じでね、そういう、「経済的にも軍事的にも、こう、護られる関係にお互《たが》い入ってもいいんじゃないかなあ」っていうふうには思ってるわけだよ。

中国っていう国が、あまりにもちょっと、野心的で悪いことを考えすぎてるので。近所の〝羊たち〟は、みんな怖《こわ》がっていますから。だから、ブータンとかでも、ときどき、国王が日本に来たりしてるでしょう。あれだって、怖いのは怖い。何かのときに、亡命先がないと困るから来てるんだと思うんで。

インドとは関係を進めれば、日本は仲良くなれるんだろうと、たぶん思うし、インドの独立には、だいぶ協力したんだろうから。

だから、ビルマが、だって、ねえ？　アメリカは、ベトナム戦争があったから、ビルマに戦争したいかどうかは分からないけども、日本はかつてビルマ独立を支援したし、インドネシアも独立支援したし、あちらのフィリピンだってアメリカ軍を一回追い出してるからねえ。

だから、「日本が全部、悪かった」と私は思ってはいないんで。ヨーロッパから独立するには、日本の戦いは必要だったと思うよ。それは戦争だから人は死んだかもしれないけど、私たちっていうか、北朝鮮も韓国も〝日本人として戦った〟んでね。

だから、今は日本と戦ったような言い方をしてるんだよね。卑怯《ひきょう》だとは思うけど、「韓国も北朝鮮も被害者《ひがいしゃ》で、日本と戦って独立した」みたいな言い方をして国民を洗脳してんだよ、みんなね。

だけど、違《ちが》うんだよ。先の戦争中は〝日本人として〟戦ったんだよ。台湾の人もそうだよ。〝日本人として〟戦った。でも、台湾の人は日本軍の一員として戦って、それを誇《ほこ》りに思ってる人がたくさんいたし、台湾人でも士官になってね、偉《えら》くなってた人はいっぱいいるんで。

やっぱり、それは今の感じなら、日本みたいな国になるほうが、なんかいいよ。だから、共産主義の理想っていうのは、あんな中国は、まったくの嘘《うそ》だよ。デタラメだよ。あれ、共産主義の国じゃないよ、あれ。あれはもう、共産党員が完全な、貴族制の搾取《さくしゅ》階級になって、あとの人たちを自由に洗脳して見張って、支配している感じだよね。

日本のほうが、むしろ、共産主義とは言えんけど社会主義で、貧富《ひんぷ》の差が少なくて、みんな自由な国になってるから。

だから、「共産主義も自由主義も実はもうなくなって、〝日本主義〟が最終着地点なんだ」というふうに私は思うんだけどねえ、うん。

質問者B　そうしますと、ある種の民主化プログラムのようなものを発表されたりしますと、そういうものとセットになりますけれども。

金正恩守護霊　だから、私たちは、日本の皇室みたいになればいいわけで。だからね、存在としては「国の象徴《しょうちょう》」として、やっぱり、存在する必要はあるから。だから、それを「民主化することで、私たちの首をみんな刎《は》ねる」って言うんだったら、ちょっと、それは抵抗《ていこう》しなきゃいけないから困るけど、日本の皇室みたいな感じで、金《きん》王朝がちょっと上にいるけど、「そんな大人数でもないし、どうってことない」と、「民《たみ》が繁栄《はんえい》したらよろしい」って言うんならできる。

質問者B　ええ。それで外交的には、ちょっとベトナムみたいに〝ハリネズミ化〟して……。

金正恩守護霊　ああ、そうそう。

質問者B　まあ、ちょっと、「ある種の一翼《いちよく》を担《にな》いますよ」というあたりまで明確になってくると、話としてはリアリティーが出てきます。

金正恩守護霊　うん、私、まだ若いからね、まあ、こっち、柔軟《じゅうなん》だから。

北朝鮮と話し合える日本のトップとは

金正恩守護霊　だけど、ちょっと、バイデンは八十歳《さい》か八十一歳か知らんけど、「バイデンさんについていこう」っていう気持ちは、あんまりないんで。

だから、何か霊界《れいかい》情報ではね、やっぱり、日本も、「幸福の科学が……」、まあ、「大川隆法さんは、いちばん信じられる」という情報が飛び交《か》っていて、もう、「世界の〝ゴッドファーザー〟は大川隆法なんだ」と。「大川隆法さんが、『うん、うん、オッケー、やります』と言った場合は必ずそうしてくれる」と言って、そういう情報は飛び交っとるんだよ。

だから、台湾のほうからも言われて、「台湾を護《まも》ります」と大川さんが言ったら、やっぱり、そういう方向に世界はちゃんと動いてきてるから、「ああ、信用できるな」と言ってるし。

ウイグルの人たちも、みんな活動家たちは、海外のことを知ってるから、「ああ、幸福の科学だけは言ったことを守ってやってくれるんだなあ」っていう。「自分たちの利害だけでなくて、ちゃんとやってくれる」って、みんな知ってるから、そういう噂《うわさ》は私たちのところまで入ってきてるし、日本のテレビやラジオの電波も入ってきてるからねえ。まあ、情報は取れてはいるんで。

だから、まあ、ちょっとそれは……、だから、話し合えるトップが欲《ほ》しいわけだよ。だから、菅《すが》さんが、オリンピックがなくなるかどうかだけで、いなくなるような人だったら、話をしたって、もう意味ないし。

質問者B　でも、そうなりますと、向こう数年、何人、総理大臣が日本から出るか分かりませんが。

金正恩守護霊　うーん、分からないよ。誰《だれ》が……。

質問者B　そのなかには、トップが話し合いのカウンターパート（相手）になる、カウンターパータビリティ（相手ができる能力）といいますか、そういう人がいないんじゃないかと……（笑）。

金正恩守護霊　いない。いないだろう？

質問者B　ええ。まだ数年はちょっと厳しいかなと。

金正恩守護霊　いないねえ。たぶん、どう見てもいない。与党《よとう》にも野党にも、どうもいそうにないし、「日本共産党」なんて、私、全然信用してないので。あの嘘つき、嘘ばっかり言って。いいこと並べて嘘をついて。政府の批判がきついから、そこを支援する人がいるんだろうけど、インテリとかでも。でも、政権を取ったら中国と一緒《いっしょ》だよ、どうせ。どうせ一緒になるから。まあ、あんなの信じちゃいけないと思うね。

まあ、裏表《うらおもて》のないところはここ（幸福実現党）しかないんだから。

まあ、どうだね、（党首の）釈量子《しゃくりょうこ》さんを招待して、平壌《ピョンヤン》に……。食料を持ってきてください、同時にね。自分の食料も持ってこないと、接待するほどのものがもうないので。食料持参で来てくれれば、別に歓迎《かんげい》ですけどね。食料と医薬品と注射器とか、何かそういうものをいろいろ持ってきてくれれば。ワクチンも入ったら横流ししてくれるとありがたいんですけどねえ。

質問者A　招待状を送ってくださるぐらいは、していただいてもいいのかなと思うのですけれども。

金正恩守護霊　まあ、だから、とにかく、「（幸福実現党は）北朝鮮に対抗するために立ち上げた党」というから、そちらも、まあ、いちおう、大義名分《たいぎめいぶん》を変えていただかないと。

今日、午後は、（党大会を）もうすぐやるんだろう？　だから、今日来たんだから、私。だから、いや、「北朝鮮対策をちょっと考えます」と言ってほしい。

質問者Ａ　やはり、今日の党大会の〝前に〟来られたかったということですね。

金正恩守護霊　マスコミ取材はほとんどないだろうけど、まあ、自分で発信することは自由だから。

いやあ、やっぱり助けて……。人道上、そういうイデオロギーの違いを超《こ》えて、過去の憎《にく》しみを乗り越《こ》えて、アジアは一つ、世界は一つ、人類は一つ。ねえ？　もう、うちは、宗教はほとんどないから、もう「エル・カンターレ教」ぐらいは別に構わないので。まあ、いや、害がなければ構わないので、ええ。

それは、中国のあっちのは入れられないし、アメリカの変なキリスト教の怪《あや》しげなあんなやつはもう、ちょっと同じようには、とてもじゃないけどできないので。親和性があるのは、日本的な考え方のほうが、どちらか（といえば）あるし。

まあ、もうちょっと交流の窓口を開いたら、〝幸福実現〟というのが存在する、要するに、国政で存在する意義が出るじゃない？

だから、今、地方ばっかり取ってるけどさあ、議席を取ってるけど、国政で存在するには、やっぱり外交のところで違いを見せなきゃいけないんじゃないかなあ。駄目《だめ》？

質問者A　ちょっと面白いアイデアだと思います。

金正恩守護霊　いや、映画だってかけてもいいけど、まあ、映画館に来る人は、ほぼいないから、まあ、しょうがないんだけど。タダなら来るかもしれないけども。「楽しみごと」よりも食べることとか着ること、住むところのほうが、今は優先なので、そこまで行かないんだけど。

これは、いっぱい軍事費を使ってやってるから。生活が苦しいから、もうあれもやめなきゃいけないと思ってはいるんだけど、いちおう、こちらも防衛しないと、いつ国が潰《つぶ》れるか分からない状態だし、ちょっと強面《こわもて》にしないと国民が言うことをきかない。で、変なところでテロがいっぱい流行《はや》ったりしちゃいけないので。

私たちはミャンマーとは違うつもりではいるんだけど。いちおう正統な〝王朝〟をやってるつもりではいるので。

まあ、ちょっと民主化はしてもいいと思うけど、まあ、ちょっと、私たちのところを少し護ってくれれば。

私、大川隆法さん、とっても尊敬しているんですよ。

まあ、トランプさんも尊敬してるけど、大川さんも尊敬しているんだよ。信用できるのはこのあたりね。あと、ほかにもちょっとはいるけれどもね。

私、スイスにねえ、留学したことがあるんだよ。単位いっぱい落としたけど。だから、ヨーロッパ情勢が全然分からないわけではない。知ってはいる。
だから、日本のアニメも好きだし、世界の映画も集めて観《み》ているので、国際情勢をまったく知らないと思ったら、そんなことはないので、ええ。変わるチャンスなんですよ、若いから。

質問者A　やはりアメリカ・中国よりも日本のほうが好きだということですよね？

金正恩守護霊　いや、やっぱり楽ですよねえ。なんか文化的にやっぱり楽ですよねえ。アメリカ文化に合わすというのは、ちょっと……。だって、北朝鮮の人たちに銃《じゅう》で家庭を護らせたら何が起こるか分からないよ。ねえ？　いきなり食料を奪《うば》いに来たりするかもしれないから。やっぱり日本みたいなほうがいいんじゃない？
日本と、もし何か経済交流とか人的交流とか、そういうのができるようになったら生き残れるなあとは思ってはいるし、それを起点にして、逆に韓国のほうをもうちょっと、こう説得して反日をやめさせる運動をしたほうがいいと思うよ。

ちょっとね、それから、あの、何だ？　「愛の不時着」（韓国ドラマ）みたいなのが流行《はや》らされて、ちょっと迷惑《めいわく》してるわけだよ。あれで、北朝鮮はすっごく悪くて、韓国はとてもいい天国みたいな国でっていう。あれが入らないように一生懸命《いっしょうけんめい》ブロックしているんだけど、入ってくるんだよ、いろんなかたちで。

「いやあ、夢のような国が南にあって、北のほうは、もうこんな貧しい、ひどい生活してるという感じなのか」みたいな感じでっていうのと、でも、「その北朝鮮にはイケメンが多いのかなあ」とかいう、そういう噂もあることはあるんだけどね。

まあ、そろそろねえ、いやあ、あのねえ、大川隆法は「地球神」だとかいうんだったら、そろそろ（北朝鮮を）救わなきゃいけない。「救いのとき」が来てるんだよ、うん。救わなきゃいけない。もう救ってよ、宗主国《そうしゅこく》なんだから。認めるよ、旧宗主国なんだから。まだ、〝大日本連邦《れんぽう》〟に入っていてもいいと思うからさあ。

（考え方を）変えてくれない？

質問者Ａ　そうしますと、終戦直後の昭和天皇みたいに、自分の立場を放棄《ほうき》しても国民を護るという……。

金正恩守護霊　いや、放棄はしないけども、いちおう、まあ、皇室的というか王室として、ちょっとだけ保護してくれれば。みんなをギロチンにかけるみたいな、そんな残酷《ざんこく》な……。韓国に負けたら絶対それやられるから。私たちみんなギロチンだから。

だから、〝そこまでしないで平和的にやる〟っていうところを日本が保証人みたいになって見届けるという感じだったら、いけるんじゃないかなあ、うん。

守護霊から見た金正恩氏の健康状態

質問者Ｃ　金正恩総書記の健康状態は……。

金正恩守護霊　いやあ、それはね、疑われてるんですよ。もう豚《ぶた》のように太ってるからねえ。〝豚〟っていうのはいいことなんですよ。中国的にも北朝鮮的にも、これは豊かさの象徴だからいいことなんですけども。

　そのねえ、健康状態ねえ、うーん……、ちょっとこれだけ太るとねえ、少しねえ、すごくちょっと、心臓とかねえ、負担がかかるしねえ。まあ、あと次、血管とか脳のほうもちょっと心配だしねえ。足なんかもねえ、ちょっとねえ、ときどき、歩行困難になることもあったりするので。医療《いりょう》体制をもう一段充実《じゅうじつ》しないと。まあ、ちょっと後《おく》れてるんですよ、北朝鮮の医療が。もうちょっとこれ、近代化しないと、私も救えない。私自身が救えない、うん。

質問者C　あとトランプ大統領と会談されていたころは、妹さん（金与正《キムヨジョン》氏）のほうがけっこう前に出てこられて、

『北朝鮮の実質ナンバー2　金与正の実像　守護霊インタビュー』（幸福の科学出版刊）

当会で霊言《れいげん》も頂きました。

金正恩守護霊　そうそう。あっ、今もやってるよ、妹。まあ、私に万一《まんいつ》のことがあれば、妹がやるしかないとは思いますけどね。まあ、たぶんね。頭はいいから、うん。たぶん頭は私よりいいだろう。だから、日本人も、たぶん好きになるんじゃないかと思うよね、あのタイプは。けっこういけるから。もともと美男美女の家系なんだよ。ちょっと食べすぎてこうなっているだけで、うん。

だから、髪型《かみがた》だって、それは、「変えろ」って言うなら、少し変えたっていいとは思っているんだから。

（質問者Aに対して）君、国際政治局長だって？

質問者A　はい。

金正恩守護霊　来ないか？　身柄《みがら》は保証できないけども。まあ、いろんな人がいるから分からないけど、悪い人がいるかもしれないから、ちょっと分からないけど、勇気を持って来たら、名前が上がるよ、うん。

質問者A　ええ。幸福の科学に狙いを定められているのは、非常に正解だなとは思いますけれども。

金正恩守護霊　ワクチンの横流しとかはやれるだろうが？　やろうと思えば。日本人はみんな、嫌《いや》がってるじゃない？　打つの。私たちは、そんな逃《に》げている暇《ひま》はないから。日本人が嫌がってダブついているやつぐらいを回してくれれば、それでいいので。

日本製でつくってもらってもいいんですけど、喜んで信じてますから。日本のは、質が高いと思うので。日本製のワクチン、つくったらいいのに。そのほうがいいのに。アメリカのは怪しいよ、ちょっとザッとしてるから、粗雑《そざつ》なところがあるからね。

まあ、日本版の、日本の医療は信用できるね、もうちょっとね。科学も信用できるから。

6　北朝鮮《きたちょうせん》に救いの可能性はあるか

習近平《しゅうきんぺい》氏の「人格の変化」について語る

金正恩守護霊　もうちょっとこれ、いやあ、もうトランプさんみたいな人が続いてくれればあっちでもいけるんだけど、ちょっと遠いしね、そんな簡単ではないから。ちょっと、こちらから崩《くず》してくれたら米軍が韓国《かんこく》と合同訓練とかをやってるの、もう意味がなくなるので。そうするともう中国向けだけになるので。

私たちはちょっとねえ……。やっぱり、最高指導者として、私は、国民が突如《とつじょ》……、だから、中国がその気になったとき、もう本気になったら一週間で取られるよ、国は、たぶん。一週間で取られるので。攻《せ》め込《こ》んできたら、要するに、食料もエネルギー源も一切《いっさい》入ってこなくなることをそれは意味しているので、降参《こうさん》するしかないんだよ。だから、まあ……。

質問者Ａ　そのシナリオでは、やはり米軍というか、バイデン政権は何も手を打てない可能性があるということですね。

金正恩守護霊　放っとく可能性が高いと思うんですよね。放っておくんじゃないでしょうかねえ、うん。

まあ、でも、国連にかけたら、また中国が反対、ロシアが反対で、だからすぐ中国に取られちゃう。それは危険ですよ。台湾《たいわん》が取られるのも危険だけど、同じぐらい危険ですよ、朝鮮《ちょうせん》半島が取られるのは。

質問者Ａ　残念なのは、日本の自衛隊が今、戦後体制のなかで身動きが取りづらいことが、いちばん引っ掛《か》かるところだと思います。

金正恩守護霊　うーん……、いや、自衛隊……、だけど、今、海上保安庁がほとんどやってるんじゃないんですか。中国の海警局とやっているのは。

海上保安庁だけど、ここ（を所管する国土交通省の大臣は）、創価学会《そうかがっかい》でしょ？　創価学会が、池田大作《いけだだいさく》さんから中国礼賛《らいさん》、中国との関係、国交回復に根回しした。で、『三国志《さんごくし》』と『水滸伝《すいこでん》』を読んで、それ以外読んでなくて、なんか、それで、「中国は偉《えら》い人ばかりだ」というような感じで中国を礼賛していたのが、もう隠《かく》し切れなくなってきて、今、内部崩壊《ほうかい》しかかっているところだけれども。

これを幸福の科学が引っ繰《く》り返そうとしているんだから、まあ、いいんじゃないの？　うーん。うん。

だから、福田《ふくだ》さんとかいう人がつくってる（映画の）「新解釈《しんかいしゃく》・三國志《さんごくし》」みたいな、「中国人は偉くなかった」っていう。劉備玄徳《りゅうびげんとく》も諸葛亮孔明《しょかつりょうこうめい》も〝パー〟だったというのをやっているけど、あれは事実かもしれないから。今の中国人を見ていたら、そうじゃない？　絶対。あっちかも。

質問者A　まあ、はい。

金正恩守護霊　うん。物語で書けば誇大《こだい》に書くのはもう得意だから、中国の場合、ほんとに。

質問者A　先ほどの、「霊界《れいかい》で大川隆法先生が偉大《いだい》だ」という話が駆《か》け巡《めぐ》っているというお話なんですけれども。

金正恩守護霊　ああ、それは偉大。もう何回会ってみても、そうだなあと思うよ。

質問者A　片や、霊界情勢として、習近平《しゅうきんぺい》氏からのプレッシャーというのは、何か近づいてくるものとして、感じるものはあるのでしょうか。

金正恩守護霊　いやあ、何かちょっとね、悩乱《のうらん》してきているよ。少し悩乱してきてる。ちょっとおかしい。ちょっと、人格の変化が感じられる、うん。何かねえ、見せしめみたいなのを欲《ほっ》している感じ？　どっか、どこでもいいけど、何て言うの？　狂暴《きょうぼう》な動物が食い散らかすような感じの。悩乱？　見せて怖《こわ》がらそうとして。

だから、台湾とかをもう無条件降伏《こうふく》させたい気分かな。長引かせたら不利になると、今、思ってる感じなんで。

日本が、そして、今、菅《すが》さんがマキャベリが好きだとか言ってるから、ちょっと怖い人だけど、理解はできる人だろうから、そうすると、『三国志』に対応できる方だから、軍事的なことだけは理解できる人なのかもしらんですけどね。

だから、もう幸福実現党立党大会に、本当は電報を打ちたかったぐらいなんだけどなあ。「北朝鮮は、（幸福実現党を）党として公認する」という。なあ？　「日本の交渉《こうしょう》窓口として認めたい」とか言ってねえ、存在をこう、世界にPRさせてあげて。

もし、「金正恩賞」とかいうのがあっていいなら、そのうち映画でなんかも出してやってもいいけど。うち、かからんけど、今のところ。まあ、何かあってもいいかなとも思うぐらい。

いやあ、頼《たよ》りにしてるんだよ。もうこんなに私の本を出してくれるところ、ほかにないもん、全然。

質問者Ａ　もしかしたら、日本の情勢をいちばん詳《くわ》しくウオッチされているのは、確かに北朝鮮であるとは思いますけれども。

金正恩守護霊　そう。情報は取ってるから。情報はちゃんと取ってるんだよ。ラジオもテレビも全部聞こえてるんだよ。情報は取ってるから、ちゃんと。

質問者A　そうだろうと思います。

金正恩守護霊　だから、よく分かってるんだよ。トランプさんが今は動けないんだったら、ここしか頼《たの》むところないので。ウイグルを助けるより楽ですよ、こちらのほうが。

私たちは、中国に攻め込まれたら、今、オンボロの木造船で、もう大量に日本海側に向けて泳いでいくしかない。サメに食われながら来るしかもうないから、大変だよ。難民だよ。ほとんど難民で、いや、海で死んでる人がほとんどだろうけど。やがて来るんだから、いずれそうなるんだから。

だったら、今のうちに手を打つことは、政治的にはとても大事なんじゃないかなあ。釈《しゃく》さんと一緒《いっしょ》に来たらいいじゃん。不倫《ふりん》してもいいよ。

質問者A　（苦笑）

金正恩守護霊　一緒に来い。一緒に来なさいよ。私たち、そんな細《こま》かいこと言わないから。寛容《かんよう》だから、とっても、うん。

質問者A　ちょっと面白《おもしろ》いご提案を、今日は頂いたということで。

金正恩守護霊　ええ。だからねえ、いやあ、君らを頼りにしているんだよ。まあ、トランプさんなきあとは、君らしかいないんだから、頑張《がんば》るべきだよねえ、うん。VIP待遇《たいぐう》してもいいよ。それは、〝魚が一匹《ぴき》付く〟ぐらいだけどね。

質問者A　あと、政治と宗教は、ちょっと分けて考えるというスタンスもあると思うので、例えば、北朝鮮に（幸福の科学の）支部をつくるとか。

金正恩守護霊　それは、まあ、だから、別に……、だけど、君たち、すごく〝実用性高い〟じゃないか。な？　すごく〝実用性高い〟から、いいと思う。

大川総裁、とても尊敬してるんだよ。だから、もう、ほんとねえ、国師として尊敬してもいいぐらい、うん。北朝鮮も兼《か》ねてくれないかな、国師、うん。どうやったら、これが、まともな国……。まともっていうか、発展する国になるか、教えていただきたい。「中国をあれだけ厳しく批判できた」っていうのは、実にすごいなあと思う。まあ、すごいと思う。

「中国は強い」と思ってたから、私たちは黙《だま》ってたけど、これ、もう……。いや、しばらく頑張るだろうけども、これ、負けるよ、きっと、うん。

プーチン・ロシア情勢をどう見ているか

質問者Ａ　例えば、ミサイルをいつも日本海のほうに向かって撃《う》っているんですけれども……。

金正恩守護霊　いや、ほかに撃つところないじゃないか。

質問者Ａ　「反対側に撃つ」という……。

金正恩守護霊　だから、ロシアの周りに撃つか、中国の周りに撃つか、それでは、すぐ戦争始まるから（笑）、それは撃てないので。

質問者Ａ　可能性は……。

金正恩守護霊　いや、日本は、自衛隊が何もしてくれないから、大丈夫《だいじょうぶ》な……。

質問者A　「万一《まんいつ》のときには、そういう可能性もある」ということなのでしょうか。

金正恩守護霊　うん。万一のときには、私たちも日本を護《まも》ることはありえる。

ロシアだってだよ、安倍《あべ》さんのときには、まあ、ちょっと仲良かったけど、今は、これから分からないよ。だから、ロシアだって、シベリア、サハリンのほうを軍事強化して。「北方四島を日本が取り返しに来る」と思っているから、軍事要塞《ようさい》化しているから、あそこから北海道取ろうとしたら、取れないわけがないので。

そういうときに、北朝鮮のミサイルがねえ、サハリンに撃ち込まれるとかになったら、それは脅威《きょうい》だよ、向こうにとってはなあ。そういう、「北朝鮮」と「日本」の同盟、軍事同盟だって、ないとは言えないんだからさあ。

君たちはできないんだろうけど、向こうはもう核《かく》兵器持ってるんだから。こっちは水爆《すいばく》を持ってるんだからさあ。だからねえ、彼らの極東軍だって、水爆を落とされたら、それはたまらん。

だから、日本の自衛隊と協力したら、水爆を運んで落とすぐらい、できるからさあ。うちだけではできないかもしらんけど、日本の航空機から水爆を落とせば、ロシアだって、もう、それはお手上げだよなあ。たまらない。それはとてもたまらんから、島ぐらい手放すかも分かんないけどね。

質問者A　ロシアの情勢が、プーチンさんにどんどん不利に傾《かたむ》いているので……。

金正恩守護霊　ちょっと不利になってきてるけど、あの「反プーチンの人」も怖い人だから、気をつけたほうがいいよ。元に戻《もど》っちゃうよ。「共産主義」に戻っちゃうから、あんまり応援《おうえん》しないほうがいいよ。あれは、人権問題であんまり応援しないほうが……。あの人は〝危ない人〟だと思う、私はね。

プーチンさんをああやって追い込んでるけど、あれは、まあ、ちょっと認識の間《ま》違《ちが》いで、トランプさんのほうが、僕《ぼく》は正しいと思うよ。だから、バイデンさんには見えてないんだと思うけど。プーチンが悪いことをしているように見えてると……。

だから、「反ロシア、反中国」になったら、これは……。でも、本当は、中国と実質上、〝下〟でつながってるんだろうと思うけど、ロシアはバイデンに賄賂《わいろ》を贈《おく》ってないんだよ。だから、怒《おこ》ってるんで。「トランプのほうに協力しただろう」というとこで。トランプ当選に、まあ、協力してたよ、ロシアは確かにな。

「だから、やる」っていうのは、まるで韓国人みたいで嫌《いや》だな、そういうやり方っていうのは。もう、当選したら、前の大統領を、一族皆殺《みなごろ》しとか、財産没収《ぼっしゅう》して牢屋《ろうや》に放り込む？　死刑《しけい》にする？　自殺させる？　韓国人みたいだな、あのバイデンって。過去世《かこぜ》は日本人じゃなくて韓国人だよ、あれは、たぶん。

質問者B　反プーチンの人を、「悪いやつだ」と、今、おっしゃいましたけれども……。

金正恩守護霊　名前をよく知らないんで、何とかいう人、捕《つか》まった人、何だっけ。

質問者B　「ナワリヌイ」と……。

金正恩守護霊　うーん。難しいよな、ロシアの言葉はな。何とかさん、あれ、ちょっと、でも、あんまり期待しちゃいけないよ。あの人を「自由の旗手だ」と思って期待しちゃいけないと思うよ。

プーチンがやってることは、けっこう民主化もしたし、経済的繁栄《はんえい》もしたし、それは、ロシア正教も復活させたけど、あの人になったら、〝元のロシア〟に戻る可能性があるよ、気をつけないと。それは怖いことだよ。中国も怖いけど、〝元のロシア〟になったら、もっと怖いよ。もう、これが怖い。

核戦争をまともにやったら、ほんと、アメリカが怖いのはロシアだから、本当。だから、その意味では、バイデンさんはちょっと〝頭弱い〟んじゃないかな。核兵器の数を見たら分かる。だって、中国は核兵器を三百とか四百しか持ってないんだから、アメリカの敵じゃないけど、ロシアは敵だよ、十分、うん。怖い。

金正恩氏が日本に期待している役割とは

質問者A　確かに、北朝鮮は米中露《べいちゅうろ》から取り囲まれそうな気配《けはい》にはなっています。

金正恩守護霊　うん。危ないよ。危ないよ。だから、昔と一緒だ。百何十年前と一緒。「ロシアのものになるか、清国《しんこく》のものになるか、日本のものになるか」みたいな……。あるいは、「ヨーロッパが、列強が占領《せんりょう》するか」みたいな、同じような環境《かんきょう》になりつつあるので、今。

だから、私は「選ぶなら、日本を選ぶ」って言ってるんで、ええ。「日本と仲良くやるほうが、これは安全だ」と思ってるので。大きく変えなくていいから。食料も、まあ、似たようなものだから。

韓国が反日してるのが悪いと思う。おかしい。うん、あれがいけない。

質問者Ａ　いや、そうしますと、たぶん韓国には影響力《えいきょうりょく》をかなり行使されていると思いますが。左翼《さよく》のほうに……。

金正恩守護霊　いや、軍事力がね、こちらが強いからさあ、韓国は怖がってるんで。だから、米軍を抜《ぬ》きにはやれないんだけどね。

質問者Ａ　「韓国の世論《せろん》をそちら側に変える」ということも、北朝鮮にはできるのではないかと思います。

金正恩守護霊　こっちが、北朝鮮が親日になったらさ、韓国は反日やってるのがだんだんおかしく見えてくるかもしれない。日本はちゃんと、韓国のさあ、Ｋ《ケイ》-

POP《ポップ》からアイドルや映画とかも受け入れてるのにさ、向こうは受け入れないようにやってるじゃない。あれはよくない。

質問者A　いや、もともと、その「反日運動」というか、「慰安婦《いあんふ》関係の運動」も、北朝鮮系の影響が入っているのではないかと、かねてから言われているんですけれども……。

金正恩守護霊　いや、でも、「北朝鮮は考え方を改める」って言ってるじゃない。だから、ちょっと考えて……。

質問者A　「日韓の離間《りかん》工作を北朝鮮から仕掛けている」という……。

金正恩守護霊　いや、〝離間〟ではなくて……。

質問者A　それをちょっと……。

金正恩守護霊　いや、〝助け〟を求めてるわけで。偉大なる仏に助けを求めてるんだからさ。

仏教国でもあったので、もとは。朝鮮半島から日本にも、一部、大乗《だいじょう》仏教は入ってるんだからさ。だから、仏教国ではあるわけだ。仏教国として再発展することは可能なので、うん。

だから、日本に調停者として入ってほしいわけよ。いろんなことを、「まあまあ」と収めてくれて。ね？　調停者として入ってもらいたい。

まあ、トランプさんがいないからさあ、もう大川隆法さんぐらいしか、あと、頼むところないんで。

質問者A　はい。だいたい、おおよその結論としては、「トランプ政権なきあとは、日本の幸福実現党、そして、大川隆法先生が最も信頼《しんらい》できる」ということですね。

金正恩守護霊　「公党として認められない」って日本の国が言って、これは日本の国はちょっとおかしいので。

だから、私たちはもう認めてもいい。私の本をもう九冊も十冊も出すような宗教というのは、いい宗教。いい宗教で、日本で有名になってる、とっても、うん。君たちも友好的に話してくれてるし、うん。

質問者A　メッセージはよく分かりました。

金正恩守護霊　釈さんによろしくね。

質問者A　はい。

北朝鮮に「信教の自由」の可能性はあるのか

質問者A　（他の質問者に）だいたいよろしいでしょうか。

金正恩守護霊　（質問者Cに）君、全然やる気ないな。

質問者C　いやいやいや。

金正恩守護霊　君ねえ、アフリカばっかり行ってるのと違うか。

質問者C　（笑）

金正恩守護霊　君ね、「発展途上国《とじょう》ばっかり行って、先進国から逃《に》げてる」っていう噂が立っとるよ。

質問者C　とんでもないです。

金正恩守護霊　気をつけたほうがいいよ。

質問者C　とんでもないです。先進国にも携《たずさ》わっています。

金正恩守護霊　だからねえ、何か、「全然、金払《はら》わずに、もう、食料援助をしてくれと言うようなところばっかり回ってる」っていう話だからさ、うん。北朝鮮だって食料援助は欲《ほ》しいんだからさ。信者増やしたっていいんだよ、ほんとは。うん、うん。

質問者A　分かりました。

金正恩守護霊　米五十万トンぐらい取り付けるような力はないのかね、国際本部っちゅうのは。うん？

質問者C　「北朝鮮に支援」ということ……。

金正恩守護霊　日本は米余っておるんじゃないか？　古いの。

質問者B　「信教の自由」というのは、可能性としては。

金正恩守護霊　ある。私が認めれば「ある」。うん。私が認めれば「ある」。

質問者B　分かりました。

金正恩守護霊　「この宗教は、いい宗教だ」と言えば、それはある。

質問者B　はい。

質問者C　北朝鮮で、キリスト教を信じている人が弾圧《だんあつ》されるとか、そういう映画とかも実際あったりしていましたけれども……。

金正恩守護霊　そんなにいる？　弾圧されるほど数《かず》いないって、うん。いないんだよ、そんなには。

金正恩守護霊から日本の国民にお願いしたいこと

質問者A　だいたいよろしいでしょうか。

金正恩守護霊　いや、（質問者Aに）君もねえ、まあ、命懸《いのちが》けで一回来る必要があるかもしれないから。

質問者A　はい。「ご提案はあった」ということで、承《うけたまわ》りました。

金正恩守護霊　うん。まあ、どうなるかは知らんけども、生きて帰れる可能性だってあるわけだから、そのときには、君は、〝台湾攻め〟以来の成果があがる可能性があるんだよ。

質問者A　はい（苦笑）。

金正恩守護霊　生きていける可能性がある。素晴《すば》らしい。

質問者A　まあ、そうとは言え、ちょっと、今、たいへんお困りな状況《じょうきょう》ではあるということで……。

金正恩守護霊　困ってるんだよ。だから、どうにか……。

質問者A　そこは、よく分かりましたので……。

金正恩守護霊　いや、やっぱり、仏は慈悲《じひ》の手を差し伸《の》べるべきでしょう。相手がどうであろうと、悪人であろうと、まあ、いちおう、それをつかんでくるかどうかね。

質問者A　まあ、「立場を百八十度転換《てんかん》させても、SOSを発信したい状況にある」ということですね。

金正恩守護霊　お釈迦《しゃか》様はカンダタにも手を差し伸べ、蜘蛛《くも》の糸を垂《た》らすんだからさ。

それで欲を出しすぎたら糸が切れてしまうだけで、欲を出さないかもしれないんだからさ。いや、「国民を大事にしてくれ」と、「助けてくれ」と言うかもしれないんだから。「私はどうなってもいいから……。ちょっと痩《や》せたいけども、まあ、それ以外はどうなってもいいから、助けてくれ」って言うかもしれないからさ。

チャンスだよ、今。世界が忘れてる〝秘境〟だから。

質問者Ａ　今日は、「存在感を示してくださった」ということで、ありがとうございました。

金正恩守護霊　うん。だから、日本の国民にもお願い。政府には頼まないし、国会議員にも頼んでも駄目《だめ》だと思うけども、幸福の科学のみなさんや、日本国民のみなさん、読者のみなさまがたは、ぜひとも、北朝鮮に慈悲の心を、助けの手を伸べてください。

アフリカだけじゃありません、困っているのは。こっちも困っています。

北朝鮮の情報が入らないんでしょうけど、何とか、それは「歩み寄り」っていうのがあるんじゃないですか。トランプさんだって、リスクを冒《おか》して私と会って、リスクを冒して三十八度線、越《こ》えたんだから。誰《だれ》か、リスクを冒す人が英雄《えいゆう》なんですよ。次の英雄なので、ええ。

私だって、日本に来て身柄《みがら》が安全かどうかの保証がないからね、来れないからさあ、今のままでは。だから、どっかがちゃんと保証してくれないと、できないんで、ええ。

質問者Ａ　分かりました。

本日は、公正中立《こうせいちゅうりつ》に、ご意見を率直《そっちょく》にお伺《うかが》いいたしました、ということで。

金正恩守護霊　まあ、このまま伝えてくれればいいです。

質問者Ａ　はい。ありがとうございます。

金正恩守護霊　ありがとうございます。

質問者Ａ　はい。

7 「金正恩の守護霊霊言《れいげん》」の収録を終えて

大川隆法　（手を一回叩《たた》く）まあ、たいへん面白《おもしろ》いですが、この発言に、やはり何かの情勢の変動を感じ取るべきだと思います。

「中国に対するクレディビリティ、信用度が変わっている」ということが一つと、「中国が圧力をかけているけれども、彼は、意外に、『習近平《しゅうきんぺい》体制は崩壊《ほうかい》する可能性が高い』と、もう見ている」ということですね。

「欧米《おうべい》と日本、それからアジアの各地から、反乱、反中運動を起こされたら、もうもたないのではないかと見ている」ということですね。「巻き添《ぞ》えにはなりたくない」というところでしょうか。だから、「〝次の保険〟を探している」というところですかね。

まあ、ちょっと、そのへんの〝微妙《びみょう》な感じ〟は伝わりやすいでしょう、たぶん。だから、ちょっと考えておくとして。まあ、一つ、これも情報として発信して、反応を見てみることも大事ですね。

拉致被害者《らちひがいしゃ》もあるけれども、もうほとんど生きていないということで、まあ、たぶん、それはそうだろうかなとは思いますけどね。

でも、仲良くならないと行き来できないから、どうせね。そちらのほうが大事でしょうね。

まあ、年が若いから、柔軟《じゅうなん》なところもあることはあるんでしょう。

まあ、ちょっと考えてみましょう。

質問者A　本日は、まことにありがとうございました。

大川隆法　はい、はい（手を二回叩く）。はい。

古来、釈迦《しゃか》のように悟《さと》りを開いた人には、人知を超《こ》えた六種の自由自在の能力「六神通《ろくじんずう》」（神足通《じんそくつう》・天眼通《てんげんつう》・天耳通《てんにつう》・他心通《たしんつう》・宿命通《しゅくみょうつう》・漏尽通《ろじんつう》）が備わっているとされる。それは、時空間の壁《かべ》を超え、三世《さんぜ》を自在に見通す最高度の霊的《れいてき》能力である。著者は、六神通を自在に駆使《くし》した、さまざまなリーディングが可能。

本書に収録されたリーディングにおいては、霊言《れいげん》や霊視《れいし》、「タイムスリップ・リーディング（対象者の過去や未来の状況《じょうきょう》を透視《とうし》する）」「リモート・ビューイング（遠隔《えんかく》透視。特定の場所に霊体《れいたい》の一部を飛ばし、その場の状況を視《み》る）」「マインド・リーディング（遠隔地の者も含《ふく》め、対象者の思考や思念《しねん》を読み取る）」「ミューチュアル・カンバセーション（通常は話ができないような、さまざまな存在の思いをも代弁して会話する）」等の能力を使用している。

〈特別収録〉ロシアを指導する宇宙人から見た国際政治

――UFOリーディング62（イーグルワン〔エササニ星〕ミハエル）――

二〇二一年四月三十日　収録

幸福の科学　特別説法堂《せっぽうどう》にて

質問者

大川紫央《おおかわしお》（幸福の科学総裁補佐《ほさ》）

［役職は収録時点のもの］

〈リーディング収録の背景〉

本リーディングは、二〇二一年四月三十日の夜、上空に現れたＵＦＯを調べるため、その場で収録されたものである。

1　今後のロシアと諸外国との関係はどうあるべきか

地球ではまだ発見されていない星から来た宇宙人

大川紫央　（ＵＦＯのような光が）ありました。

大川隆法　どちら様でしょうか。お話しできないでしょうか。何か言いたいことがあったら、お願いしたいのです。

ちょっと薄雲《うすぐも》がかかっているかもしれません、低いけど。でも、何か反応がある感じがするなあ。何か反応があるね。

出てきている者よ。こちらに見える方向で出ていると思います。何か私のほうに言いたいことがあったら、伝えてください。

おなじみではないのかもしれないけれども、どこから来られましたか。どこから来られましたか。どこから来られましたか。

宇宙人　ロシア。

大川紫央　ロシア？

大川隆法　（宇宙人は）「ロシア」と言っている。ロシアのほうから来た。最初に「ソ連」と言ったけど、「ロシア」と言っているね。ロシアから。ロシアは珍《めずら》しいな。ロシアから来たのはないなあ。今までなかったような気がする。ロシアから何の話をしに来ましたか。ロシアから何の話をしに来ましたか。

宇宙人　（約五秒間の沈黙《ちんもく》）ちょっと、昨日《きのう》、金正恩《キムジョンウン》の話をしていたと思うんですが（本編参照）、ロシアも関係を少し改善する必要があるとは思っているんだ。

大川紫央　日本との関係ということですか。

宇宙人　うん、そうそう。アメリカとも含《ふく》めて。

大川隆法　ああ、だいぶ下がってきたね。高度が下がってきましたね。下にちょっと子機みたいなのが……。下と右横にちょっと小さいのも……。本当に小さい子機みたいなのが、下と右横に見えますね。

ロシアから来られた方は、私にはあまり記憶《きおく》がないのですけれども、どういう関係の方ですか。どういう関係の方なんですか。

宇宙人　プーチンと関係がある宇宙の者だ。

大川紫央　プーチン大統領の魂《たましい》の〝宇宙魂《こん》〟ということですか？

宇宙人　まあ、宇宙の友達というか、関係のある者です。あなたがたと、まったく関係がないわけではありません。

大川紫央　何星ですか？

大川隆法　どこから来られた方ですか？　ちょっと、ロシアのほうはよく知らないので。

ロシアの宇宙……、宇宙、ああ、宇宙のものはロシアもずいぶん出ているよね。

宇宙の……。

大川紫央　ロシア自体には出ていますね。

大川隆法　うん、宇宙から。

大川紫央　でも、幸福の科学（のリーディング等）には出ていないか。

大川隆法　うん。（ロシア自体には）宇宙人との交流や宇宙へのあれはだいぶ出ているね。

ああ、だいぶ右のほうに移動してきているね。

大川紫央　何星とかありますか?

大川隆法　何とか星から来ているというのは分かるでしょうか?

宇宙人　（約十秒間の沈黙）イーグルワン。

大川隆法　イーグルワンというのは英語ですけれども、イーグルワンというのは、どこの星のことなのですか？

宇宙人　エササニ星の別名。エササニ星って知ってるでしょ？

大川紫央　はい、はい。

宇宙人　別名です。私たちは「イーグルワン」と呼んでいるんですけどね。

大川紫央　あなたは男性ですか？

宇宙人　男性です。

大川紫央　お名前はありますか？

大川隆法　ミハエル……、ミハエル……、ミハエル……、何とかビッチと言っている。

ミハエル……、ミハエル何とかビッチさんと。ミハエル……。ちょっとロシア語が分からない。ミハエル……。

まあ、ミハエルさんでいいか。分からないね。

大川紫央　ミハエルさん。

大川隆法　ミハエルさんです。ミハエルさんという方ですね。エササニ星といわれるところですが、彼らは「イーグルワン」と呼んでいる。

大川紫央　その星の立ち位置はあるんですか？

ミハエル　まあ、中継《ちゅうけい》の星なんです。中継星《せい》で、太陽系で言うとどのくらい……、うーん、第十二番惑星《わくせい》ぐらいに当たるのかなあ。発見されてないと思いますよ。地球からは見えないので。

バイデン氏に米大統領が交代した今、ロシア内部で何が起きているか

大川紫央　いつもはロシアの上空にいらっしゃるんですか？

大川隆法　ああ、なんか下がってきたね、これね。

大川紫央　はい。

大川隆法　下がってきたね、うん。

大川紫央　いつもはロシアの上空にいらっしゃる……。

ミハエル　そう、ロシアのほうが担当なので。

大川紫央　いちおうプーチンさんを護《まも》っているほうですか?

ミハエル　うーん、そうねえ。指導をしているほうかなあ。

大川紫央　（宇宙存在の）ヤイドロンさんとか、R・A・ゴールさんとかご存じですか。

ミハエル　名前は知っています。敵ではないです。ただ、すごく近しい関係までは行っていないぐらいの関係です。

大川紫央　なるほど。ロシアを今後どうしていきたいとかありますか。今、危ないですよ。

ミハエル　うん、何とかロシアもねえ、まあ、ちょっと、アメリカの大統領が替《かわ》ってね、で、内部革命が起きそうな雰囲気《ふんいき》があって、今、（ロシア政府が）捕《つか》まえている人を、何て言うか、担《かつ》いで、プーチン体制を倒《たお》そうとしている。

要するに、今のバイデンさんが発信している「独裁主義・専制主義 対 民主主義

『UFOリーディング 救世主を護る宇宙存在 ヤイドロンとの対話』（幸福の科学出版刊）

『R・A・ゴール 地球の未来を拓く言葉』（幸福の科学出版刊）

だ」っていう発信を受けている人がいるので。それで、「いやあ、これはもう専制主義だ、独裁主義だ」と、プーチン体制を批判している人たちがだいぶいるので。不満が溜《た》まってきているから、ちょっと危ない。内乱が起きる可能性があります。

大川紫央　向こうを指導している宇宙人もいたりするんですか?

ミハエル　向こうって?

大川紫央　ナワリヌイさんです。

ミハエル　ナワリヌイさんね。いや、そこまではちょっとつかみ切ってないですね。まあ、このあたりは、まだ〝代わりがきく人〟だと思うんですよ。次から次へ出てくると思いますよ、似たような人は。

大川紫央　今の政権に不満を持っていたり……。

ミハエル　世代交代を求めている人たちがいっぱいいますので。だから、捕まっているということで、なんかカリスマ性を増しているんですよね。

大川紫央　うーん、なるほど。

ミハエル　だけど、香港《ホンコン》の人たちが捕まってるのと、ちょっと本当は違《ちが》うんですけど、一部ね。主義が違うところがあるんですけどね。

バイデン大統領が世界にもたらす影響《えいきょう》について

ミハエル　うーん、どうしようかなあ。

ロシアのあり方しだいでは、日本は不安定になるし。アメリカのバイデンさんは――あなたがたも反対していらしたけれども――ちょっと、ロシアに対して、極《きわ》めて敵対的なんですよ。

大川紫央　たぶん、冷戦時代で認識が止まっていらっしゃる。

ミハエル　そうそう。そして、「（ロシアが）自分たちの邪魔《じゃま》をして、トランプ政権を支援《しえん》しようとしていた」と思っていらっしゃるんで。

大川紫央　ああ。個人的な恨《うら》みとともに、そんなにマクロを見ていないから、中国とロシアと両方を敵にしてしまって、あまり全体観がない感じですね。

ミハエル　そうそう。私たちが見たら、個人的に、トランプさんと〝あれ〟で援助して、バイデンさんのほうを否定するっていう感じではなかったんですけども。もちろん、民主党は人権擁護《ようご》みたいなことを言うから、ロシアなんかには厳しく当たるのはあるとは思う。中国だって、今、厳しいしねえ。だけど、「ロシア」と「中国」を同時に敵に回している感じになってて、トランプさんだったら、そういうことはたぶんなかったと思うんで。ちょっと、あの選挙の結果は、とても皮肉な感じになるかもしれませんね。

大川隆法　だいぶ下がってきましたね、（UFOの）位置がね。位置がだいぶ下がってきましたね。下がっていく〝星〟というのは珍しいですね。ビルの高さより下がってき始めました。

大川紫央　日本とはどんな関係が好ましいと思いますか。

ミハエル　今のままだと、ちょっと危険ですね。

だから、本当に、北方四島のうちの二島は軍事要塞《ようさい》化してますし、次の人が共産主義者、完全な共産主義者になったり、「強いロシアを」とか、またやり始めたら、どうなるか分からないし。中国との関係も、今、ちょっと近寄ってきつつあるんで。まあ、危険ですね。

大川隆法　ああ、ときどき強い光が出ていますね。ときどき強い光が出ています。

ミハエル　今、だから、本当に、大川総裁が考えていたとおりに、「ロシア」「中国」と「北朝鮮《きたちょうせん》」「イラン」、こういうところがどうなるかは、ちょっと不安定になってるし、トランプさんが交代したことで、「イランとイスラエルの関係」がとても不安定になっています。

また、バイデンさんの認識だと、シリア？　シリアのアサド大統領っていうのはもう「狂人《きょうじん》」ですので。「もう独裁者で、狂人で、プーチンと同じ種類だ」と思っているから。これを敵だと思っているので。あと、これは、シリアの安定にとって極めて難しい関係になりますね。

で、「中東から、アフガンからも兵を引いていく」と言ってるから、まだ混乱が起き始めると思いますね。

「民主主義 対 専制国家」って言ってるけど、最終的には世界を混乱に導くんではないでしょうかね。

大川紫央　バイデンさんが？

ミハエル　うん、バイデンさんが。だけど、まだそこまでの見識を持ってる人がいないし、マスコミもそう思ってないし、「バイデンで国際協調ができる」と思っていますね。

大川紫央　確かに。

ミハエル　うん。ちょっと危ないと思いますねえ。やっぱり、実力？　仕事能力っていうところが見えていないので。今、プーチンがいないと、ロシアの民主化は危ないと思いますよ、本当に。

一部、軍事行動をしてるところもあるけれども、それはしかたがない面もあるんですよ、どうしてもね。

まあ、それは、大川総裁は理解はしてくれたんですけどね、バイデンには理解できないので。やっぱり、とにかくロシアを徹底的《てってい》に「敵」だと思っていますし、これが背後にいて、そして、次に、敵として、「中国が、今、大きくなってきて、対決しなきゃいけない」と思ってるけど、二つの国に喧嘩《けんか》を売るには、八十歳《さい》、ちょっと危険だと、私は思いますね。

大川紫央　あなたたちから見て、中国の今の感じはどう見えますか。

ミハエル　よくないです。

大川紫央　やはり、よくないと。

ミハエル　今は中国も国際的には孤立《こりつ》していて、「一帯一路《いったいいちろ》」は破れようとはしています、本当に。そう思いますから。

ただ、崩壊《ほうかい》するときに、彼らが何をするかは、ちょっと分からないので。計画が潰《つぶ》れようとはしています。ただ、〝ただでは済まない〟可能性があるんで。

宇宙人はロシアと欧米《おうべい》、日本との関係をどうしたいと望んでいるか

大川隆法　だいぶ移動してきましたね。

大川紫央　さっきから斜《なな》め下に行っていたのに……。

大川隆法　斜め下に移動していますね。

大川紫央　でも、今、真下に行っています。

大川隆法　真下に移動しているね。

ミハエル　ちょっとね、大川総裁が言っていたように、ロシアと中国を分けないと

駄目《だめ》で、ロシアを「G8《ジーエイト》」のほうに引っ張っていかないといけないと、私は思いますよ。中国とは違う。

中国は、あれは「解体」する必要はあると思います。（このままというのは）無理だと思う。国内問題として、あそこまでやったら、〝許してはいけないレベル〟まで行っていっています。

ロシアはね、だから、ソ連が崩壊して、各連邦《れんぽう》が独立して、とても難しい状態のなかで、ロシアという国を復興させてきたところであるんでね。

まあ、日本との関係をもうちょっとよくしたいと思っているし、インドとだって、そんなに関係を悪くしたくないと思っているんでね。

だから、バイデンさんがあんまり強固に思うと、無理になってくるので。敵か味方、どっちかになるんでしょう？　これは難しいですね。まあ、とても難しいなと思っています。

私たちのほうは、できればヨーロッパのほうに復帰したいんですよ、ＥＵ関係のほうにね。あるいは、「G7にプラス1《ジーセブンワン》」で、「G8」に戻《もど》していただきたいなと今思っているので。ちょっと、オバマさんの考え方ではついていけないので、うーん。ちょっと、「シリアに対する考え」や「イランへの考え」とかは、やっぱり、だいぶ問題ですよね。

香港のこととかは、確かに、まあ、北朝鮮のこととかは、あんまり言える立場にはないんですけどね。私たちは言える立場にはあんまりないんですけども、うーん……、まあ、今の中国がね、〝巨獣《きょじゅう》〟がね、どんな感じで崩壊して倒れていくのか。これによって、こちらは巻き添《ぞ》えを食いますから。

ただ、今のアメリカとだと、ヨーロッパともアメリカとも組めないし、日本ともだんだん疎遠《そえん》になりつつあって、軍備強化しなきゃいけなくなりつつあるわけですよ。米軍がウロウロし始めているので。

万一《まんいつ》のことを考えると、もう「対日」も考えなきゃいけないようになってきているんですよね。だから、何かこれ、流れを少し変えたいなあと思うんですがねえ。

大川紫央　バイデンさんの頭（考え方）を変えるしかない。

ミハエル　ああ、もう古いので。本当に古いですねえ。本当に古いですねえ。今までうまくやっているように見えているんでしょう？（大統領就任から）百日で。だから、余計困るんですよねえ。

大川紫央　あと、アメリカのマスコミもかもしれない。

ミハエル　うん、マスコミがね、「（大統領に）〝普通《ふつう》の人〟が来た」と思って喜んでいるんですよ。〝普通の考え方〟をする人が出てきたから、これで話ができると思って喜んでいるし、マスコミの言うことをきくと思っているんですよね。トランプさんは、言うこときかないからね。

大川紫央　すごく下に下がりましたね。

大川隆法　うん、下がってきたね。

混沌《こんとん》に向かう世界情勢の危険性について

大川紫央　コロナについては、どういうふうに見ていますか。

ミハエル　まあ、「これはウィルス兵器だ」と私たちも思ってますよ。

大川紫央　ああ、私たちと同じ見解ですね。

ミハエル　うんうん、同じ見解です。ウィルス兵器で、まあ、困ってはいます。私たちも、たいへん困っていて、ヨーロッパとそれは同じ状態なので、困ってはいるんですけどね。

まあ、ちょっと、世界が本当に分断されて、今、交通的に付き合うことができなくなってきているしねえ、人が行き来できないしねえ、これは本当に危険な状況《じょうきょう》だというふうに思ってはいますよ。

アメリカはねえ、今はちょっと、バイデンさんが強がっていますけどね、腰《こし》がそんなに入っていないからね。あれは格好だけですので。実際になってきて、これがどうなるか。ねえ？　分からないですね。

まあ、日本は厳しいねえ。でも、何とかまたチャンスを見てね、日本と仲良くできる体制をつくりたいなあと思っているんですよ。

大川紫央　分かりました。

ミハエル　日本は、ロシアや中国と両方、敵対関係に入るっていうのは、もう一回〝元戻り〟ですよ。「冷戦時代に戻る」っていうことですから、うん、バイデンさんの「冷戦思考」が、戻ってきているんですよ。これはやめたほうがいいですよ。だから、（アメリカは）ロシアに対抗《たいこう》するために中国に肩入《かたい》れしてね、中国を強くして、そして、「中国」と「ロシア」を仲悪くしようとしたんですよね。それで、共産主義系同士で睨《にら》み合わせて、張り合わせて、〝防衛〟にしようとしてたんですけどね。

だけど、中国とロシアは違ってるしね、もう。だけど、ほかの国が付き合ってくれないっていうんなら、〝寄っていくしか、もうない〟んでねえ。まあ、シリアの問題や、それはイランの問題、いろいろありますけどね、ただ、こちらから言えば、アメリカだってイスラエルにあれだけ梃入《てこい》れして、イランのほうとかに圧力を加えたり、前にイラクで好きなようなことをしていますからね。やっぱり、それは、そっちだって同じようなところはあるんじゃないかと思うし。

まあ、シリアに関しては、バイデンさんもすごいきつい考え方を今持っていますけど、あとをアメリカは統治できるのかっていう問題はありますよね。だから、このへんも、まだロシアと友好国ではあるんでねえ。

国際政治って本当に難しいですね。

大川紫央　そうですね。まあ、人権を重視するという意味では、中国のウイグルの弾圧《だんあつ》とかも、アメリカは責めてくれてはいるんですけれどもね。

確かに、「世界は、何かどんどん混沌《こんとん》に向かっている」のも事実ですね。

ミハエル　うん。まだ、だから、アメリカ自体が「混沌に向かっている」と思っていないところがあるので。

大川紫央　そうですねえ、確かに。

ミハエル　「〝強いアメリカ〟が戻ってきた」と思っているんですよね。あれ、騙《だま》すのうまいね。口はうまいね。

大川紫央　そう、口は〝きれいな言葉〟と〝かっこいい言葉〟を……。

ミハエル　うん、それはオバマさんと一緒《いっしょ》だね。

大川紫央　そう、そう、そう。そうなんですよ。

ミハエル　口はうまいね、とてもねえ。だけど、実際は、いい方向には向かってないような気がしますよ。

大川紫央　そうですねえ。

ミハエル　あの金正恩さん（守護霊《しゅごれい》）の言っておられたことね、いや、北朝鮮から言うのは珍しいことですので、何か、「やはり、もうどこかに〝逃《に》げ道〟を開《あ》けないと危ない」とはあそこも思ってると思いますよ。

いつまでも続かないですね。もう、これは、中国が内部的に崩壊するようなことがあったら、もつはずがない国ですので。

大川紫央　ある意味で、金正恩守護霊さんのほうが、アメリカの上の人たちより、世界情勢はよく見ていたかもしれないですね。

ミハエル　うん、それでね、韓国《かんこく》の大統領は支持率最低になってね、そして、五月中にも、またアメリカに行ってバイデンと会おうとしてるんでしょ？　トランプのとき、会ってもくれなかったからね。

バイデンを〝ヨイショ〟して、何か関係がよくなるように見せようと、今、〝ゴマをすろう〟としてるところですよね。

いやあ、これは頑張《がんば》って言論をリードしないと、危ないですよ。

2　宇宙人が伝えたかったこととは

エササニ星人の特徴《とくちょう》について訊《き》く

大川紫央　ちなみに、エササニ星、あなたがたの来られた星では、どんな価値観が強くあるというか、重視されているということはありますか。

ミハエル　まあ、何種類か、いろんな星から来て、ちょっと基地を持ってるので、単一では決してないんですけれども。

私たちの考えは、うーん……、まあ、私たちは、北欧《ほくおう》とか、それからロシアとかに降りてるものが多いことは、今、多いので。日本にも来てますけれどね、一部ね。だから、レプタリアン（爬《は》虫類《ちゅうるい》型宇宙人）ほど強くない種族なんですけどね。ただ、ちょっとご存じかもしれませんが、やや甲殻類《こうかくるい》的な要素も持っている。

大川紫央　甲殻類？

ミハエル　うん、そう。

大川紫央　甲殻類……。

ミハエル　甲殻類。ああいう、エビ、カニ？

大川紫央　はい、はい。

ミハエル　……のような硬《かた》い甲羅《こうら》を持っているような種族なので。

大川紫央　あっ、そうか、そうでした。エササニ星ですものね。

ミハエル　どちらかといえば、防衛が強固な考え方なんですけどね。まあ、あんまり積極的なところまでは行かないんだけど、防衛的な感じで、レプタリアンと少し違《ちが》っている、うん。甲殻類型の人間です。

大川紫央　お姿は？

ミハエル　だから、甲殻類型って言ってるじゃない？（笑）（さらに）言わせますか。

大川紫央　はい、甲殻類にも何種類か……（笑）。

ミハエル　言わせますか。

大川紫央　ちなみに、あなた様のお姿は？

ミハエル　伊勢《いせ》エビが人間と合体して合成されたら、出そうな姿。

大川紫央　なるほど。男女はあるのですか。

ミハエル　うーん……、まあ、卵を産むのが女性ということですね。

大川紫央　なるほど。二本足で立っていますか。

ミハエル　立つことはできます。

大川紫央　できるのですね。

ミハエル　うーん、ただ、手がね、手は大きなハサミがあるから、それだけでは、ちょっと宇宙船の操作ができないので、横から、義手《ぎしゅ》を使って、それが操作してます。

大川紫央　なるほど。
今日は何人乗りのＵＦＯですか。

ミハエル　今日は三人乗りです。

大川紫央　あっ、じゃあ、そんなに大きくはない。

ミハエル　うん。

「北朝鮮《きたちょうせん》だけでなくてロシアも」と訴《うった》える宇宙人

ミハエル　今日はねえ、だから、ちょっと……。私たちには資格はないんですけども、ちょっと様子を見に来て、「北朝鮮《きたちょうせん》だけでなくてロシアもウオッチしてください」って、もし伝えられたらいいなあと思って、外を見てくれるかなあと思っていたら、見てくれたので、よかったです。

だけど、まあ、ヤイドロンさんたちがみんな帰ってきたら、帰らなくちゃいけないので（笑）。

大川紫央　（笑）

ミハエル　敵ではありませんけども、〝中間地帯〟で、今……。

大川紫央　いっそのこと、そのヤイドロンさんたちとも、いちおう話ができたほうがいいんじゃないですか。

ミハエル　うーん、うーん……。まあ、「全地球的」に言うと、まだちょっと難しい関係があって……。

大川紫央　あ、そうですか。

ミハエル　だから、地球、今、どっちがリーダーシップを取るか、今、ちょっとやっているところなんでね。

大川紫央　（あなたは）「プーチンさんそのもの」でもないんですものね。そのものと直結しているわけではないけれども……。

ミハエル　うん。そのものではないけども、魂《たましい》とは関連があるというか、仲間であるので。日本とも関係はあるし、うーん、まあ、できたら、何て言うか、「ロシアも救いの対象に入れてほしい」っていうことだけを、今日は言いに来ただけなので。

北朝鮮を考えるぐらいなら、ロシアも考えてほしい。仲良くしたいので。

大川紫央　まあ、ロシア（のこと）はねえ、でも、思っていますけど。

ミハエル　島、島ねえ……。北方四島のこともよく分かるんですが、日本はずっと言っているから。ただ、あそこを米軍に攻《せ》めてこられると、ちょっと困るからねえ。どうしても、あれだけ言われると、「取りに来るのかなあ」と、やっぱり思ってしまうんでねえ。

プーチンさんの下にいる人も、ちょっと、日本に対して、そんなに好意的でないし、今の、反乱を起こす人たちも信用できない、しちゃいけないと思いますよ。日本に対する考えが明らかでないかぎり、信用しちゃいけないと思いますよ。だから、もうちょっと「プーチン体制」を護《まも》ってくれたほうが日本にとってはよかったので、トランプさんはもう一期やったらよかったね。ちょっと残念です。

大川紫央　そうですね。

ミハエル　バイデンさんは、個人的恨《うら》みがちょっと強すぎますね。

大川紫央　では、最後に、ＵＦＯの形を教えていただけたら……。

ミハエル　はい。私たちのＵＦＯは、うーん、少ーし古典的な形のＵＦＯで、うーん、ちょっとアダムスキー型を改良したようなＵＦＯで、古い形の、もう古典的なＵＦＯの形ですね。ええ。

大川紫央　また、今日、ロシア上空に帰るんですか。

ミハエル　はい。これから帰ります。ええ、もうすぐ。

大川紫央　あっ、では、「わざわざ来てくださった」と。

ミハエル　ああ、話が終わったらね。ときどき点滅《てんめつ》してますけど……。

大川紫央　あっ、そうですか。

ミハエル　もうすぐ帰りますので。

大川紫央　それでは、ご無事で。

ミハエル　はい。よろしく。

大川紫央　はい。

ミハエル　北朝鮮のあれ（支援《しえん》）をするんだったら、こっちにも、同じく、よろしくお願いします。

「中国はしかたがない」と私も思っていますけど、まあ、「こちら（ロシア）まで巻き添《ぞ》えにしないでください。バイデンさんの考え、そこ、危険だから、そこ（ロシアと中国）を分けてください」っていうことを言ってください。お願いします。

大川紫央　はい。では、公開させていただきます。

ミハエル　ガイア様、よろしくお願いします。

大川紫央　ありがとうございます。

ミハエル　はい。

●ガイア……　３億年以上前に地球神エル・カンターレの本体の１つの「アルファ」が地上に降臨《こうりん》されたとき、妻として守護神的役割も担《にな》った、大川紫央総裁補佐の転生《てんしょう》の１つ。『太陽に恋をして―ガイアの霊言―』（大川隆法・大川紫央共著、幸福の科学出版刊）等参照。

あとがき

金正恩《キムジョンウン》氏が国のトップとして活路を見い出したいと願っていることは本当だろう。私自身も、彼が非核化への明確な手順と実践の姿勢を見せ、民主化と、信教の自由、先軍《せんぐん》思想から国民の幸福へと梶《かじ》を取るつもりを明示するなら、北朝鮮の無血《むけつ》開城《かいじょう》と二千五百万人の民を助けたいという気持ちは持っている。

また若いのに頭が切れる人であることはよく分かる。大川隆法も彼の父親年齢ではあるので、トランプ氏が政治的に動けないなら、道をさし示したいという気持ちももっている。コロナ・パンデミックで困ってもいよう。

なお、少しご愛嬌《あいきょう》に見えようが、ロシアを指導する宇宙人との交信記録も特別収録した。血路《けつろ》を開きたいのはロシアも同じであろう。バイデン政権が、国際協調の名の下《もと》に、世界の分断を結果的に持ち来たらすことを怖れてはいる。日本の政治にも「喝《かつ》」を入れたいところだ。

二〇二一年　五月四日

幸福《こうふく》の科学《かがく》グループ創始者兼総裁《そうししゃけんそうさい》　大川隆法《おおかわりゅうほう》

『北朝鮮から見た国際情勢』関連書籍

『文在寅守護霊 vs. 金正恩守護霊』（大川隆法 著　幸福の科学出版刊）
『守護霊インタビュー 金正恩 最後の狙い』（同右）
『緊急守護霊インタビュー 金正恩 vs. ドナルド・トランプ』（同右）
『ミャンマーに平和は来るか――アウン・サン・スー・チー守護霊、
ミン・アウン・フライン将軍守護霊、釈尊の霊言――』（同右）
『バイデン守護霊の霊言』（同右）
『トランプは死せず』（同右）
『米大統領選　バイデン候補とトランプ候補の守護霊インタビュー』（同右）
『北朝鮮の実質ナンバー2 金与正の実像　守護霊インタビュー』（同右）
『UFOリーディング　救世主を護る宇宙存在ヤイドロンとの対話』（同右）
『R・A・ゴール 地球の未来を拓く言葉』（同右）

『太陽に恋をして――ガイアの霊言――』（大川隆法・大川紫央 共著　同右）

北朝鮮《きたちょうせん》から見《み》た国際情勢《こくさいじょうせい》
──金正恩の守護霊霊言──

2021年5月12日　初版第1刷

著　者　大《おお》　川《かわ》　隆《りゅう》　法《ほう》

発行所　幸福の科学出版株式会社

〒107-0052 東京都港区赤坂2丁目10番8号
TEL(03)5573-7700
https://www.irhpress.co.jp/

印刷・製本　株式会社 研文社

落丁・乱丁本はおとりかえいたします

ISBN978-4-8233-0268-8 C0030

カバー AFP＝時事，中国通信／時事通信フォト，EPA＝時事，
時事，SPUTNIK／時事通信フォト，朝鮮通信＝時事
帯 AFP＝時事
装丁・イラスト・写真（上記・パブリックドメインを除く）©幸福の科学

トランプは死せず

復活への信念

戦いはまだ終わらない──。退任後も世界正義実現への強い意志を持ち続けるトランプ氏の守護霊が、復活への構想や、リーダー国家・アメリカの使命を語る。

1,540円

バイデン守護霊の霊言

大統領就任直前の本心を語る

繁栄か、没落か? アメリカ国民の選択は、はたして正しかったのか? 内政から外交まで、新大統領バイデン氏の本心に迫るスピリチュアル・インタビュー。

1,540円

習近平思考の今

米大統領選でのバイデン氏当選後、習近平主席の考え方はどう変化したのか? 中国の覇権拡大の裏にある「闇の宇宙存在」と世界侵略のシナリオが明らかに。

1,540円

ミャンマーに平和は来るか

アウン・サン・スー・チー守護霊、
ミン・アウン・フライン将軍守護霊、
釈尊の霊言

軍事クーデターは、中国によるアジア支配の序章にすぎない──。関係者たちへの守護霊インタビューと釈尊の霊言により、対立の本質と解決への道筋を探る。

1,540円

大川隆法ベストセラーズ・**コロナ禍を生き抜く指針**

人の温もりの経済学

アフターコロナのあるべき姿

世界の「自由」を護り、「経済」を再稼働させるために──。コロナ禍で蔓延する全体主義の危険性に警鐘を鳴らし、「知恵のある自助論」の必要性を説く。

1,650円

コロナ不況下のサバイバル術

恐怖ばかりを煽るメディア報道の危険性や問題点、今後の経済の見通し、心身両面から免疫力を高める方法など、コロナ危機を生き延びる武器となる一冊。

1,650円

釈尊の未来予言

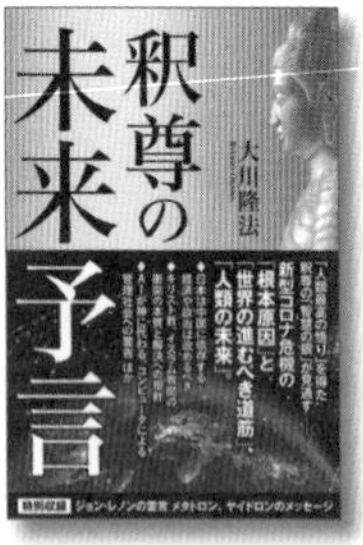

新型コロナ危機の今と、その先をどう読むか──。「アジアの光」と呼ばれた釈尊が、答えなき混沌の時代に、世界の進むべき道筋と人類の未来を指し示す。メタトロン、ヤイドロンの霊言も収録。

1,540円

ゾロアスター 宇宙の闇の神とどう戦うか

全体主義国家・中国の背後に働く「闇の力」とは？ かつて宇宙の闇の神と戦ったゾロアスターが、その正体と企みを明らかにした人類への警世の書。

1,540円

※表示価格は税込10%です。

大川隆法 霊言シリーズ・宇宙存在からのメッセージ

R・A・ゴール 地球の未来を拓く言葉

今、人類の智慧と胆力が試されている──。コロナ変異種拡大の真相や、米中覇権争いの行方など、メシア資格を有する宇宙存在が人類の未来を指し示す。

1,540 円

ヤイドロンの本心

コロナ禍で苦しむ人類への指針

アメリカの覇権が終焉を迎えたとき、次の時代をどう構想するか？ 混沌と崩壊が加速する今の世界に対して、宇宙の守護神的存在からの緊急メッセージ。

1,540 円

ウィズ・セイビア 救世主とともに

宇宙存在ヤイドロンのメッセージ

正義と裁きを司る宇宙存在が示す、地球の役割や人類の進むべき未来とは？ 崩壊と混沌の時代のなかで、宇宙人の側から大川隆法総裁の使命を明かした書。

1,540 円

「UFOリーディング」写真集

「UFOリーディング」写真集2

"彼ら"はなぜ地球に来るのか？ そして、何を伝えたいのか？ 宇宙時代の到来を告げる最新UFO情報が満載の「UFOリーディング」写真集シリーズ。

各1,650 円

大川隆法「法シリーズ」・**最新刊**

秘密の法

人生を変える新しい世界観

法シリーズ 27作目

あなたの常識を一新させ、世界がより美しく、喜びに満ちたものになるように──。降魔の方法や、神の神秘的な力、信仰の持つ奇跡のパワーを解き明かす。

第１章　宗教の秘密の世界
──この世とあの世の真実を解き明かす

第２章　霊障者の立ち直りについて
──ウィルス感染と憑依の秘密

第３章　ザ・リアル・エクソシストの条件
──悪魔祓いの霊的秘儀

第４章　降魔の本道
──世界を輝かせる法力とは

第５章　信仰からの創造
──人類の危機を乗り越える秘密

2,200円

幸福の科学の中心的な教え──「法シリーズ」

好評発売中！

幸福の科学出版

ヒューストン国際映画祭にて多数受賞！
ヒューストン国際映画祭2021
スペシャル・ジュリー・アワード
ヒューストン国際映画祭2021
ゴールド賞
ヒューストン国際映画祭2021
最優秀外国語映画賞
ヒューストン国際映画祭2021
ブロンズ賞
世界11カ国64冠受賞！
（5月6日時点）
一度だけ、泣いた女。
美しき誘惑
～現代の「画皮」～
製作総指揮・原作／大川隆法
長谷川奈央　市原綾真　芦川よしみ　モロ師岡　矢部美穂　中西良太　デビット伊東　千眼美子（特別出演）　杉本彩　永島敏行
監督／赤羽博 音楽／水澤有一 脚本／大川咲也加 製作／幸福の科学出版 製作協力／ニュースター・プロダクション ARI Production
制作プロダクション／ジャンゴフィルム 配給／日活 配給協力／東京テアトル ©2021 IRH Press
5月14日(金) ロードショー
utsukushiki-yuwaku.jp

正しき者よ、
戦え。
長編アニメーション映画
製作総指揮・原作 大川隆法
宇宙の法
エローヒム編
2021年秋 ROADSHOW

幸福の科学グループのご案内

宗教、教育、政治、出版などの活動を通じて、地球的ユートピアの実現を目指しています。

幸福の科学

一九八六年に立宗。信仰の対象は、地球系霊団の最高大霊、主エル・カンターレ。世界百六十カ国以上の国々に信者を持ち、全人類救済という尊い使命のもと、信者は、「愛」と「悟り」と「ユートピア建設」の教えの実践、伝道に励んでいます。

（二〇二一年五月現在）

愛

幸福の科学の「愛」とは、与える愛です。これは、仏教の慈悲《じひ》や布施《ふせ》の精神と同じことです。信者は、仏法真理をお伝えすることを通して、多くの方に幸福な人生を送っていただくための活動に励んでいます。

悟り

「悟り」とは、自らが仏の子であることを知るということです。教学《きょうがく》や精神統一によって心を磨き、智慧《ちえ》を得て悩みを解決すると共に、天使・菩薩《ぼさつ》の境地を目指し、より多くの人を救える力を身につけていきます。

ユートピア建設

私たち人間は、地上に理想世界を建設するという尊い使命を持って生まれてきています。社会の悪を押しとどめ、善を推し進めるために、信者はさまざまな活動に積極的に参加しています。

国内外の世界で貧困や災害、心の病で苦しんでいる人々に対しては、現地メンバーや支援団体と連携して、物心両面にわたり、あらゆる手段で手を差し伸べています。

年間約２万人の自殺者を減らすため、全国各地で街頭キャンペーンを展開しています。

公式サイト **www.withyou-hs.net**

自殺防止相談窓口

受付時間　火～土:10～18時（祝日を含む）

TEL **03-5573-7707** メール **withyou-hs@happy-science.org**

ヘレン・ケラーを理想として活動する、ハンディキャップを持つ方とボランティアの会です。視聴覚障害者、肢体不自由な方々に仏法真理を学んでいただくための、さまざまなサポートをしています。

公式サイト **www.helen-hs.net**

入会のご案内

幸福の科学では、大川隆法総裁が説く仏法真理《ぶっぽうしんり》をもとに、「どうすれば幸福になれるのか、また、他の人を幸福にできるのか」を学び、実践しています。

入会

仏法真理を学んでみたい方へ

大川隆法総裁の教えを信じ、学ぼうとする方なら、どなたでも入会できます。入会された方には、『入会版「正心法語《しょうしんほうご》」』が授与されます。

ネット入会　入会ご希望の方はネットからも入会できます。

happy-science.jp/joinus

三帰《さんき》誓願《せいがん》

信仰をさらに深めたい方へ

仏弟子としてさらに信仰を深めたい方は、仏《ぶっ》・法《ぽう》・僧《そう》の三宝《さんぽう》への帰依を誓う「三帰誓願式」を受けることができます。三帰誓願者には、『仏説・正心法語』『祈願文《きがんもん》①』『祈願文②』『エル・カンターレへの祈り』が授与されます。

幸福の科学 サービスセンター
TEL 03-5793-1727
（受付時間／火～金:10～20時 土・日祝:10～18時（月曜を除く））

幸福の科学 公式サイト
happy-science.jp

ハッピー・サイエンス・ユニバーシティ
Happy Science University

ハッピー・サイエンス・ユニバーシティとは

ハッピー・サイエンス・ユニバーシティ（HSU）は、大川隆法総裁が設立された「現代の松下村塾」であり、「日本発の本格私学」です。建学の精神として「幸福の探究と新文明の創造」を掲げ、チャレンジ精神にあふれ、新時代を切り拓く人材の輩出を目指します。

人間幸福学部　経営成功学部　未来産業学部

HSU長生キャンパス TEL **0475-32-7770**
〒299-4325　千葉県長生郡長生村一松丙 4427-1

未来創造学部

HSU未来創造・東京キャンパス
TEL **03-3699-7707**
〒136-0076　東京都江東区南砂2-6-5

公式サイト **happy-science.university**

学校法人 幸福の科学学園

学校法人 幸福の科学学園は、幸福の科学の教育理念のもとにつくられた教育機関です。人間にとって最も大切な宗教教育の導入を通じて精神性を高めながら、ユートピア建設に貢献する人材輩出を目指しています。

幸福の科学学園

中学校・高等学校（那須本校）
2010年4月開校・栃木県那須郡（男女共学・全寮制）
TEL **0287-75-7777** 公式サイト **happy-science.ac.jp**

関西中学校・高等学校（関西校）
2013年4月開校・滋賀県大津市（男女共学・寮及び通学）
TEL **077-573-7774** 公式サイト **kansai.happy-science.ac.jp**

仏法真理塾「サクセスNo.1」

全国に本校・拠点・支部校を展開する、幸福の科学による信仰教育の機関です。小学生・中学生・高校生を対象に、信仰教育・徳育にウエイトを置きつつ、将来、社会人として活躍するための学力養成にも力を注いでいます。

TEL 03-5750-0751（東京本校）

エンゼルプランV

東京本校を中心に、全国に支部教室を展開しています。信仰に基づいて、幼児の心を豊かに育む情操教育を行っています。また、知育や創造活動を通して、子どもの個性を大切に伸ばし、天使に育てる幼児教室です。

TEL 03-5750-0757（東京本校）

不登校児支援スクール「ネバー・マインド」

TEL 03-5750-1741

心の面からのアプローチを重視して、不登校の子供たちを支援しています。

ユー・アー・エンゼル!（あなたは天使!）運動

障害児の不安や悩みに取り組み、ご両親を励まし、勇気づける、障害児支援のボランティア運動を展開しています。

一般社団法人 ユー・アー・エンゼル

TEL 03-6426-7797

NPO活動支援

いじめから子供を守ろうネットワーク

学校からのいじめ追放を目指し、さまざまな社会提言をしています。また、各地でのシンポジウムや学校への啓発ポスター掲示等に取り組む一般財団法人「いじめから子供を守ろうネットワーク」を支援しています。

公式サイト mamoro.org　ブログ blog.mamoro.org

相談窓口 TEL.03-5544-8989

百歳まで生きる会

「百歳まで生きる会」は、生涯現役人生を掲げ、友達づくり、生きがいづくりをめざしている幸福の科学のシニア信者の集まりです。

シニア・プラン21

生涯反省で人生を再生・新生し、希望に満ちた生涯現役人生を生きる仏法真理道場です。定期的に開催される研修には、年齢を問わず、多くの方が参加しています。

全世界212カ所（国内197カ所、海外15カ所）で開校中。

【東京校】 TEL 03-6384-0778　FAX 03-6384-0779

メール senior-plan@kofuku-no-kagaku.or.jp

幸福実現党

内憂外患《ないゆうがいかん》の国難に立ち向かうべく、2009年5月に幸福実現党を立党しました。創立者である大川隆法党総裁の精神的指導のもと、宗教だけでは解決できない問題に取り組み、幸福を具体化するための力になっています。

幸福実現党 釈量子サイト **shaku-ryoko.net**
Twitter **釈量子@shakuryoko**で検索

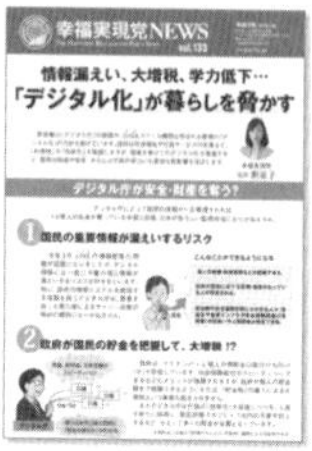

党の機関紙
「幸福実現党NEWS」

幸福実現党 党員募集中

あなたも幸福を実現する政治に参画しませんか。

○幸福実現党の理念と綱領、政策に賛同する18歳以上の方なら、どなたでも参加いただけます。

○党費:正党員(年額5千円[学生 年額2千円])、特別党員(年額10万円以上)、家族党員(年額2千円)

○党員資格は党費を入金された日から1年間です。

○正党員、特別党員の皆様には機関紙「幸福実現党NEWS(党員版)」(不定期発行)が送付されます。

*申込書は、下記、幸福実現党公式サイトでダウンロードできます。

住所:〒107-0052 東京都港区赤坂2-10-8 6階 幸福実現党本部
TEL **03-6441-0754** FAX **03-6441-0764**
公式サイト **hr-party.jp**

幸福の科学出版

大川隆法総裁の仏法真理の書を中心に、ビジネス、自己啓発、小説など、さまざまなジャンルの書籍・雑誌を出版しています。他にも、映画事業、文学・学術発展のための振興事業、テレビ・ラジオ番組の提供など、幸福の科学文化を広げる事業を行っています。

アー・ユー・ハッピー?
are-you-happy.com

ザ・リバティ
the-liberty.com

幸福の科学出版
TEL **03-5573-7700**
公式サイト **irhpress.co.jp**

THE FACT

ザ・ファクト
マスコミが報道しない
「事実」を世界に伝える
ネット・オピニオン番組

ザ・ファクト 検索

NEW STAR PRODUCTION

ニュースター・プロダクション

「新時代の美」を創造する芸能プロダクションです。多くの方々に良き感化を与えられるような魅力あふれるタレントを世に送り出すべく、日々、活動しています。 公式サイト **newstarpro.co.jp**

ARI Production

ARI《アリ》 Production《プロダクション》

タレント一人ひとりの個性や魅力を引き出し、「新時代を創造するエンターテインメント」をコンセプトに、世の中に精神的価値のある作品を提供していく芸能プロダクションです。 公式サイト **aripro.co.jp**

大川隆法　講演会のご案内

大川隆法総裁の講演会が全国各地で開催されています。講演のなかでは、毎回、「世界教師」としての立場から、幸福な人生を生きるための心の教えをはじめ、世界各地で起きている宗教対立、紛争、国際政治や経済といった時事問題に対する指針など、日本と世界がさらなる繁栄の未来を実現するための道筋が示されています。

2020年12月8日 さいたまスーパーアリーナ
「"With Savior"(ウィズ・セイビア)―救世主と共に―」

2019年10月6日 ザ ウェスティン ハーバーキャッスル トロント(カナダ)
「The Reason We Are Here」

2019年12月17日 さいたまスーパーアリーナ
「新しき繁栄の時代へ」

2019年3月3日 グランド ハイアット 台北(台湾)
「愛は憎しみを超えて」

2019年7月5日 福岡国際センター
「人生に自信を持て」